Frank Jehle

Lieber unangenehm laut als angenehm leise

T0124796

Frank Jehle

Lieber unangenehm laut
als angenehm leise

Der Theologe Karl Barth und die Politik
1906–1968

2., revidierte Auflage

T V Z

THEOLOGISCHER VERLAG ZÜRICH

Die Bilder Karl Barths auf dem Umschlag stammen aus den Jahren 1905, 1933, 1940 und 1962. Für die Erlaubnis zum Abdruck danken wir dem Karl Barth-Archiv in Basel.

Die Deutsche Bibliothek – CIP-Einheitsaufnahme

Jehle, Frank:
Lieber unangenehm laut als angenehm leise : der Theologe Karl Barth und die Politik 1906–1968 / Frank Jehle. – 2. rev. Aufl. – Zürich : Theol. Verl., 2002
ISBN 3-290-17210-4

© 1999 Theologischer Verlag Zürich
Druck und Bindung: ROSCH-BUCH GmbH, Scheßlitz

Für Adrian Schenker
in Dankbarkeit
für die jahrzehntelange und
bewährte Freundschaft

INHALTSVERZEICHNIS

1

EINLEITUNG

Karl Barth starb am 10. Dezember 1968. Vier Tage später, am 14. Dezember, nahm eine grosse Trauergemeinde im Basler Münster von ihm Abschied. Der Anlass wurde auch vom Radio übertragen. Anders als knapp drei Monate später bei dem Philosophen Karl Jaspers nahm *kein* Mitglied des schweizerischen Bundesrates daran teil. Diese Einzelheit bezeugt das spannungsvolle Verhältnis zwischen der offiziellen Schweiz und dem grossen Basler Theologen. Der Bundesrat hatte während Jahrzehnten Mühe mit ihm. In den Kriegsjahren liess Bundesrat von Steiger Barths Telefon widerrechtlich abhören[1] und überlegte sogar, ob er den unbequemen Mann nicht ins Gefängnis bringen lassen könnte[2]. Barth seinerseits äusserte sich mehrfach kritisch über das offizielle Bern, besonders scharf gegen Ende des Zweiten Weltkrieges, als er grimmig bemerkte, auch er habe «mit[zu]verantworten und irgendwie mitaus[zu]essen», was der Bundesrat «in Gestaltung des schweizerischen Gesichtes vor der Welt angerichtet» habe[3]. Das «offizielle Gesicht der Schweiz» war nach seinem Dafürhalten «in diesen Jahren» ein «allzu schlaues».

Wir haben uns nur als Schweizer benommen [...] und nicht als gute Europäer. Eben darum haben wir uns [...] auch nicht als wirklich gute Schweizer benommen[4].

Die Formulierung zeigt: Karl Barth identifizierte sich mit seiner Heimat. Er hatte das hohe Ideal einer Schweiz, die offen und human ist. Die Schweiz war für ihn ein integrierender Teil Europas und trug eine gesamteuropäische Verantwortung. Nach Barth gehört es *nicht* zum Wesen des Staates, «nur nationalen Interessen» zu dienen.

Der Gott des christlichen Glaubens hält es nicht «nur mit *einem* [...] Staat», sondern «mit *seinem*, dem *rechten* Staat in *allen* nationalen Staaten»[5]. Ein Christ wird «in seinem nationalen Staat gegen Alles auf der Wache sein und im Notfall Widerspruch einlegen und Widerstand leisten, was mit dessen Charakter als rechtem Staat unverträglich ist.»[6] Ohne so beabsichtigt zu sein, ist der Satz eine treffende Beschreibung der Rolle, die Barth während des Zweiten Weltkrieges spielte.

Als «höchster» weltlicher Repräsentant bei der Gedenkfeier am 14. Dezember 1968 sprach Lukas Burckhardt, Regierungsratspräsident des Kantons Basel-Stadt:

Karl Barth war auch ein kraftvoller politischer Geist, ganz von dieser Welt und [...] ein grosser Schweizer [...]. Wir dürfen es Karl Barth nie vergessen, dass er in christlicher Verantwortung zwar, aber in der selbstverständlichen Sprache des einfachen Menschen den Widerstand gegen das Böse auf dieser Welt gepredigt hat. Ja, dass er in den Zeiten des Kleinmutes angesichts der Bedrohung durch das Dritte Reich diesen Widerstand in seiner Person geradezu verkörpert hat. Dass Karl Barth dabei als Theologe und Christ für die gerechte Sache der unterdrückten Völker sogar zu den Waffen rief, hat viele Gläubige erschreckt, aber noch viel mehr Mutlose aufgerichtet [...]. Wenn Karl Barth Zeit seines Lebens, von den Anfängen als vielverschrieener ‹roter Pfarrer› von Safenwil bis zur eigentümlichen Haltung gegenüber dem aggressiven Kommunismus seit Ungarn, in politischen Dingen ein unkonformer Geist und gelegentlich ein Ärgernis gewesen ist, so ist es vielleicht auch diese Eigenschaft, die uns so gut tat [...].[7]

Die Worte lassen mindestens ahnen, weshalb der Bundesrat keines seiner Mitglieder an die Trauerfeier sandte. Karl Barth war nicht pflegeleicht. Wenn die Kirche bekenne, schrieb er an seinen Zürcher Kollegen Emil Brunner, dann gehe sie «*in Furcht und Zittern gegen den Strom und nicht mit ihm*»[8]. Die Gunst des Schweizer Bundesrates verscherzte Barth nicht nur während des Zweiten Weltkrieges, sondern auch in den 50er Jahren wegen seiner – so der diskrete Lukas Burckardt – «eigentümlichen Haltung gegenüber dem aggressiven Kommunismus». Zu einem letzten Sich-Aufbäumen Barths gegen das offizielle Bern kam es im Jahr 1958, als er den Gedanken einiger Militärspezialisten, wonach die Schweizer Armee atomar aufgerüstet werden müsste, öffentlich bekämpfte[9].

Man könnte die Geschichte der Beziehung zwischen Barth und seinem Land als eine (jedenfalls teilweise) unglückliche Liebesgeschichte bezeichnen. Aber auch sein Verhältnis zum Nachkriegsdeutschland war von Spannungen belastet. Wegen kritischer Äusserungen an die Adresse der jungen Bundesrepublik wurde er nicht mit dem Friedenspreis des deutschen Buchhandels geehrt, obschon man ihn dafür vorschlug. Die Theologen Albert Schweitzer, Romano Guardini, Martin Buber, Paul Tillich, Willem A. Visser't Hooft und Kardinal Augustin Bea haben im Gegensatz zu Barth diesen wichtigen Preis erhalten. Bereits 1946 war Barth anlässlich eines Nachtessens in Bad Godesberg «in Streit» mit Konrad Adenauer geraten. Eine «angeblich ‹christliche› – und dann als solche auch noch herrschende Partei» war für Barth «prinzipiell ein Greuel»[10].

Schweizergeschichte ist heute von einer besonderen Aktualität. Man geht neu über die Bücher, weil vielen bewusst geworden ist, dass das traditionelle Bild der Schweiz nicht differenziert genug war. Karl Barth repräsentiert eine *andere* Schweiz als diejenige der Bundesräte Motta, Etter, von Steiger und Pilet-Golaz. Auch Barth gehört ins Bild der Schweiz im 20. Jahrhundert – und zwar nicht nur als kleiner Farbtupfer. In einer Zeit, in der viele nichts Neues vom Christentum erwarteten, stellte er unter Beweis, dass *eine wache Zeitgenossenschaft auf der Basis des christlichen Glaubens* überraschende Konsequenzen zeitigt. Weil Barth den «ganz Anderen» zur Geltung zu bringen versuchte, hatte er einen weiten

Horizont. Deshalb *musste* er unbequem, *konnte* er nicht konform sein.

Das vorliegende Buch möchte diese Geschichte vor allem *erzählen*. Meistens braucht es keinen grossen Kommentar. Die Ereignisse sprechen für sich. Karl Barth soll aber ausführlich zitiert werden, damit Leserinnen und Leser seine unverwechselbar frische Stimme *hören*. Sie sollen sich ihr Urteil selbst bilden können. Barth war ein brillanter Redner. Als roter Faden wird sich herausstellen, dass Karl Barth unter anderem ein grosser Demokrat war. Mit einem Obrigkeitsstaat, der seine Bürgerinnen und Bürger unter Kuratel stellt, konnte er nichts anfangen, obwohl man ihm gelegentlich ein totalitäres Denken vorwarf.

Bereits hier als Vorgriff wichtige Belege aus verschiedenen Jahrzehnten: In seiner Ethikvorlesung im Frühling 1929 befürwortete Barth die demokratische Staatsform ohne Wenn und Aber *auch* für Deutschland. Im damaligen nationalen und internationalen Kontext war das keine Selbstverständlichkeit. Aus der theologischen Einsicht, dass der Auftrag und die Legitimität des Staates von Gott – noch präziser: «von Gottes Gnaden» – abhängen, leitete er ab, dass «grundsätzlich, wenn auch in praktisch verschiedener Weise», *alle* zur politischen Partizipation bestimmt sind:

‹*Von Gottes Gnaden*› *kann weder das männliche Geschlecht [zum staatlichen Handeln berufen sein], noch eines der im Staate vereinigten Volkstümer, noch einer der Stände oder eine der Klassen im Staate, noch gar eine einzelne Familie oder ein Gruppe von Familien unter Ausschluss der übrigen Staatsangehörigen [...]. Sondern verantwortlich für das Handeln des Staates und berufen zum Handeln im Staate ist grundsätzlich jeder.*

Als Barth die Vorlesung im Wintersemester 1930/31 in Bonn wiederholte, fügte er hinzu: «In diesem Sinn geh[e] *alle Staatsgewalt vom Volke* aus»[11].

Barth war also für das Frauenstimmrecht, gegen einen Stände- oder einen Klassenstaat, gegen eine Erbmonarchie (mit Ausnahme einer konstitutionellen Monarchie wie der britischen[12]) und gegen einen Staat, in dem *eine* ethnische Gruppierung die anderen dominiert. Wer eine politische Führungsposition bekleidet, muss sich gemäss einer weiteren Formulierung im gleichen Text daran messen lassen, ob er sein Amt «als Gehorsam gegen Gott bzw. als Dienst am Nächsten» ausübt[13].

Im Frühling 1948 hielt Barth eine Rede auf einer Studierendenkonferenz in Ungarn. Er denke nicht, sagte er, dass die Zukunft «eine gute Zeit werden könnte, wenn es in ihr für einen auf den frei gebildeten und frei sich aussprechenden Volkswillen begründeten föderativen Rechtsstaat wie die schweizerische Eidgenossenschaft keinen Raum mehr geben sollte»[14]. Barth hätte die schweizerische Staatsform also am liebsten in den Osten exportiert. In einem für manche möglicherweise verblüffenden Mass war Barth der Aufklärung verpflichtet. In der gleichen Rede heisst es:

Es hat in der alten Zeit immer wieder Menschen gegeben, die selbständig denken konnten und auch wollten. Es wäre nicht gut, wenn es solche Menschen in eurer Generation nicht mehr geben würde. Hört ein paar Sätze des alten Immanuel Kant aus seiner Schrift: ‹Was ist Aufklärung?› Sie lauten folgendermassen: ‹Aufklärung ist der Ausgang des Menschen aus seiner selbstverschuldeten Unmündigkeit. Unmündigkeit ist das Unvermögen, sich seines Verstandes ohne Leitung eines Anderen zu bedienen. Selbstverschuldet ist diese Unmündigkeit, wenn die Ursache derselben nicht im Mangel des Verstandes, sondern der Entschliessung und des Mutes liegt, sich seiner ohne Leitung eines Anderen zu bedienen. Sapere aude! *Habe den Mut, dich deines eigenen Verstandes zu bedienen! ist also der Wahlspruch der Aufklärung.› Es wäre nicht gut, wenn die Jugend von heute für den Geist, der aus diesen Sätzen redet, kein Organ mehr hätte. Es wäre vielmehr*

gut, wenn die zweite Hälfte des 20. Jahrhunderts, nachdem
die erste uns unerwarteterweise so viel finsteren Wahnsinn
gebracht hat, im besten Sinn verstanden, eine Zeit solcher
‹Aufklärung› würde.[15]

Barth erzählte, dass sein Kantzitat bei diesem Anlass in
Ungarn einen «ganz unprogrammmässigen, aber sehr
deutlichen Beifallssturm» auslöste[16]. Der Abschnitt erinnert an eine späte Stelle der «Kirchlichen Dogmatik»,
in der Barth den Heiligen Geist den intimsten «Freund
des gesunden Menschenverstandes»[17] nennt. Indem Karl
Barth sich derart den besten Traditionen der europäischen Aufklärung anschloss, war es für ihn selbstverständlich, dass die Demokratie trotz ihrer Schwächen
die relativ «beste» Staatsform darstellt.

Das Buch ist chronologisch aufgebaut. Nach diesen ein-
leitenden Gedanken und einem Überblick über Karl
Barth als Theologe beginnt es mit der Erinnerung an
den noch nicht 20jährigen Theologiestudenten, der in
seiner Studentenverbindung mit einem feurigen Referat
über die «sociale Frage» zum ersten Mal das politische
Parkett betrat. Es folgt ein Kapitel über Barths Wirken
als Pfarrer in Safenwil, wo er sich für die notleidenden
Textilarbeiterinnen und Textilarbeiter engagierte, Gewerkschaften zu gründen half und der sozialdemokratischen Partei beitrat. In den daran anschliessenden
Kapiteln geht es um die beiden Römerbriefkommentare
und um den Kirchenkampf in Deutschland. Ein heute
besonders aktueller Teil handelt von Barths politischen
Auseinandersetzungen nach seiner erzwungenen Rückkehr in die Schweiz im Jahr 1935, als er zum Widerstand gegen die nationalsozialistische Bedrohung
aufrief, was – wie bereits angedeutet – der offiziellen
Schweiz zu wenig diplomatisch und zu laut erschien.
    Es folgen die turbulenten Ereignisse nach dem Zweiten
Weltkrieg: Neues Verhältnis zu Deutschland und Karl

Barth im Spannungsfeld des Kalten Krieges zwischen Ost- und Westblock. Ein Epilog wird die theologischen Hintergründe der politischen Ethik Barths beleuchten. In seinen Vorträgen «Rechtfertigung und Recht» von 1938 und «Christengemeinde und Bürgergemeinde» von 1946 zeigte er, dass das Geistliche und das Politische zwar auseinandergehalten werden müssen, dass aber eine tiefe Beziehung zwischen ihnen besteht. Als die Weimarer Republik ihrem Ende entgegenging, sagte Barth in einer Vorlesung, «nur das kluge England – vielleicht eines der wenigen wirklich politisch begabten Völker der Erde» habe «rechtzeitig Hemmungen» gegen den Absolutismus in sein politisches System eingebaut. Dank dieser «Hemmungen» sei Grossbritannien «die Katastrophe» (gemeint ist der Totalitarismus) erspart geblieben[18]. Karl Barth war nicht nur ein grosser Theologe, sondern zugleich einer der bedeutendsten politischen Ethiker des 20. Jahrhunderts.

2

Der Theologe Karl Barth

Das vorliegende Buch hat sich zum Ziel gesetzt, einen besonderen Aspekt aus Karl Barths Lebenswerk herauszugreifen: den *politischen* Karl Barth. Dennoch ist zunächst ein Überblick über sein Leben und Werk nötig. Sein politisches Engagement erwächst aus seiner Theologie. Man kann es nur im Kontext seiner Biographie verstehen.

Karl Barth (1886–1968) stammte von beiden Eltern her aus reformierten Theologendynastien. Die Mutter, Anna Katharina Sartorius, wurde 1863 geboren. Der Vater, Fritz Barth, geboren 1856, lehrte als theologisch «positiv» eingestellter Professor ab 1889 Kirchengeschichte an der Universität Bern, wo sein Sohn Karl sich im Herbst 1904 für das Theologiestudium immatrikulierte.

Wie in der Schweiz damals üblich, zog Barth nach dem theologischen Grundstudium an eine deutsche Fakultät. Auf dem Umweg über Berlin, wo er vor allem bei Adolf von Harnack studierte, und Tübingen (hier hörte er nach dem Willen seines Vaters «mit heftigster Renitenz»[19] den konservativen Bibeltheologen Adolf Schlatter) kam er in das vom Neukantianismus beherrschte Marburg. Das Sommersemester 1908 wurde für Barth in der Rückschau das wichtigste. Wilhelm Herrmann, bei dem er Dogmatik (d.h. Glaubenslehre) und Ethik hörte, war «*der* theologische Lehrer» seiner Studentenzeit[20]. Nach dem theologischen Schlussexamen und der Ordination durch den eigenen Vater am 4. November 1908 im Berner Münster wurde Barth für zwei Semester Assistent des Marburger Professors Martin Rade, dem er vor allem bei der Redaktion der damals führenden evangelischen Zeitschrift «Christliche Welt» half.

Knapp einige Einzelheiten über die wichtigsten der erwähnten Professoren: Adolf von Harnack war um die Jahrhundertwende der berühmteste evangelische Theologe überhaupt. Als Neutestamentler und Kirchengeschichtler erforschte er die Entstehung des christlichen Dogmas bis hinein in die feinsten Verästelungen. Wie kein zweiter kannte er das christliche Altertum, aber auch die folgenden Epochen. In seinem Buch «Das Wesen des Christentums – Sechzehn Vorlesungen vor Studierenden aller Facultäten im Wintersemester 1899/1900 an der Universität Berlin gehalten» entwarf er ein gewaltiges Panorama des Christentums. Wie er sich selbst ausdrückte, wollte er das Christentum darstellen «lediglich im historischen Sinn», das heisst «mit den Mitteln der geschichtlichen Wissenschaft und mit der Lebenserfahrung, die aus erlebter Geschichte erworben» worden sei[21]. Indem Karl Barth fast die ganze Arbeitskraft des Semesters, das er in Berlin verbrachte, in den Dienst Harnacks stellte (meistens verzichtete er sogar darauf, das ihn doch so faszinierende Theater zu besuchen, weil er fast unablässig hinter seinen Büchern sass, um seinen berühmten Lehrer so zufrieden wie möglich zu stellen), nahm er die ganze Kunst der Geschichtswissenschaft in sich auf, wie sie im 19. Jahrhundert zur Vollkommenheit entwickelt worden war. Bis hinein in die letzten Bände seiner «Kirchlichen Dogmatik» wird deutlich, wie viel Barth von Harnack profitierte. Nebenbei: Die Überschrift eines Paragraphen der «Kirchlichen Dogmatik» – «Das Leben der Kinder Gottes»[22] – verdankte Barth einem Gespräch im Jahr 1925 mit seinem alten und auch damals immer noch verehrten Lehrer.

«*Kritischer* müssten mir die Historisch-Kritischen sein!»[23] Der berühmte Satz in der Vorrede zu seinem zweiten Römerbriefkommentar von 1922 wurde von jemandem geschrieben, der wusste, wovon er sprach.

Auch Karl Barth arbeitete Zeit seines Lebens mit den Mitteln der historischen Kritik. Überlieferte Texte müssen genau analysiert werden. Man muss ihre Glaubwürdigkeit prüfen und zwischen verschiedenen, teilweise widersprüchlichen Traditionen abwägen. Karl Barth wollte die historische Kritik nicht abschaffen, er wollte sie aber überbieten. Seine «ganze Aufmerksamkeit war darauf gerichtet, durch das Historische *hindurch* zu sehen in den Geist der Bibel»[24]. Als Verstehender wollte er bis zum Punkt vorstossen, wo er nahezu nur noch «vor dem Rätsel der *Sache*» und nicht mehr «vor dem Rätsel der *Urkunde*» stand[25]. Die historische Arbeit im engeren Sinne dieses Wortes wollte er nicht überspringen. Sie diente Barth jedoch nur als Vorbereitung für den viel wichtigeren Prozess des ernsthaften und ehrfürchtigen[26] Verstehens – und zwar *nicht* nur der Bibel. Barth betonte ausdrücklich, dass er seine Methode «auch auf Lao-Tse oder Goethe»[27] anwenden würde.

Weitere wichtige Lehrer waren die Marburger Professoren Herrmann und Rade, welche die damals vorherrschende liberale «Welt des freien Protestantismus»[28] vertraten. Von Wilhelm Herrmann lernte Barth, dass es im Bereich des christlichen Glaubens unmöglich ist, eine Dogmatik ohne tiefgreifende ethische Implikationen zu entwerfen. Martin Rade war ein väterlicher Freund des jungen Barth und verfolgte dessen menschlichen und theologischen Weg während Jahrzehnten mit grosser Anteilnahme. In einem Brief an Rade vom 20. August 1909 schreibt Barth, dass der Aufenthalt und die Arbeit in Rades Haus «*der* Glanzpunkt» seiner «bisherigen Wanderjahre» bleibe. Die «Christliche Welt» sei ihm eine «Einführung in das Leben der christlichen Welt» gewesen, wie er es besser als «Übergang von der Universität zur Praxis» nicht hätte fordern können und wie er es «jedem jungen Theologen in ähnlicher Weise» wünsche[29].

Vom September 1909 bis zum Juni 1911 wirkte Barth als Hilfsprediger an der deutschsprachigen Gemeinde in Genf, wo er Adolf Keller und John Mott, zwei Protagonisten der ökumenischen Bewegung, kennenlernte. Adolf Keller bewies sein ökumenisches Interesse «in der Mitarbeit am Weltbund für internationale Freundschaftsarbeit der Kirchen und als Sekretär des Schweizerischen Evangelischen Kirchenbundes und des amerikanischen Federal Council»[30]. John Mott gründete 1895 den Christlichen Studenten-Weltbund und war ab 1915 Generalsekretär des Christlichen Vereins Junger Männer (heute: Junger Menschen). 1910 organisierte er die erste Weltmissionskonferenz in Edinburgh. Sehr früh stand Barth also in engem Kontakt zur werdenden ökumenischen Bewegung.

Während seiner Genfer Zeit lernte Barth seine nachmalige Frau, Nelly Hoffmann (1893–1976), kennen, die seinen Konfirmandenunterricht besuchte. Aus Rücksicht auf Barth gab Nelly Hoffmann ihren Lebensplan auf, Violine zu studieren. Eine Tochter (Franziska) und vier Söhne (Markus, Christoph, Matthias und Hans Jakob) wurden dem Ehepaar geboren.

1911–1921 versah Barth das Pfarramt in der Bauern- und Arbeitergemeinde Safenwil im Aargau. Wichtig in jener Zeit, in der er seine Berufspflichten überaus ernst nahm, war die Zugehörigkeit zur religiössozialen Bewegung, wie sie in der Schweiz damals mit verschiedenen Akzentsetzungen von Leonhard Ragaz und Hermann Kutter vertreten wurde. Beide beriefen sich auf Christoph Blumhardt den Jüngeren (1842–1919)[31]. Zuerst stand Barth wohl Ragaz besonders nahe. Ganz praktisch betätigte sich der junge Pfarrer in der Gewerkschaftsbewegung. Später näherte er sich Kutter und dessen Beharren auf dem Primat der Verkündigung gegenüber der konkreten Parteiarbeit an. In den Kämpfen der dreissiger Jahre fand dann wieder eine Annäherung (nicht persönlich, aber in der Sache) an Ragaz statt, dessen Beurteilung des Nationalsozialismus sich durch ihre besondere Entschiedenheit (und zwar im ablehnenden Sinn) hervortat. – Eine weitere wichtige Bezugsperson in der Safenwiler Zeit war Eduard Thurneysen, der damals als Pfarrer in einer andern Aargauer Gemeinde wirkte und während Jahrzehnten Barths hingebungsvollster Freund war.

Die entscheidende Weichenstellung in Barths Lebenswerk fällt in den Ersten Weltkrieg, dessen Schrecken Barth am Fortschrittsglauben der liberalen Theologie (und auch des religiösen Sozialismus, sofern dieser das Reich Gottes auf Erden errichten wollte) irre werden liessen. Zwischen dem Juli 1916 und dem August 1918 erarbeitete Barth seinen ersten grossen Römerbriefkommentar, der (vordatiert auf 1919) zu Weihnachten 1918 in einer Auflage von 1000 Exemplaren in Bern erschien. Dass das Buch Aufsehen erregte, kann man unter anderem daran ablesen, dass die ausführliche Rezension in der «Christlichen Welt» von dem prominenten Neutestamentler Adolf Jülicher geschrieben wurde. Jülicher warf dem Buch vor, es sei nicht «wissenschaftlich». In Barths Vorwort stehen die berühmt-provokatorischen Sätze:

Die historisch-kritische Methode der Bibelforschung hat ihr Recht: sie weist hin auf eine Vorbereitung des Verständnisses, die nirgends überflüssig ist. Aber wenn ich wählen müsste zwischen ihr und der alten Inspirationslehre, ich würde entschlossen zu der letzteren greifen: sie hat das grössere, tiefere, wichtigere Recht, weil sie auf die Arbeit des Verstehens selbst hinweist, ohne die alle Zurüstung wertlos ist. Ich bin froh, nicht wählen zu müssen zwischen beiden. Aber meine ganze Aufmerksamkeit war darauf gerichtet, durch das Historische hindurch zu sehen in den Geist der Bibel, der der ewige Geist ist. Was einmal ernst gewesen ist, das ist es auch heute noch[32].

Diese Töne weckten bei den Vertretern der *älteren* Generation (auch bei Adolf von Harnack) den Verdacht, dass

Barth ein Schwärmer sei, während manche Angehörige der *jungen* Generation (unter ihnen Friedrich Gogarten und Emil Brunner, etwas später – anlässlich der zweiten, stark veränderten Auflage des Römerbriefkommentars von 1921 – auch Rudolf Bultmann) den «Römerbrief» begeistert als das Manifest einer neuen theologischen Epoche begrüssten.

Eine Folge des Buches war, dass Barth auf Beginn des Wintersemesters 1921/22 als Honorarprofessor für reformierte Theologie nach Göttingen berufen wurde. Die zweite, oft nachgedruckte, noch in Safenwil von Grund auf neu bearbeitete Auflage des «Römerbriefes» wurde ein Bestseller, mit dem eine ganze Generation von Theologen, aber auch Nichttheologen, aufgewachsen ist. Viele Formulierungen des in der zweiten Fassung stark auch von Kierkegaard und Dostojewskij beeinflussten Buches wurden sprichwörtlich: der Glaube als «unmögliche Möglichkeit», als «Hohlraum» und «Einschlagtrichter»; die Offenbarung als Ereignis «senkrecht von oben»[33]. Ähnlich wie vor ihm etwa Luther oder Pascal liebte Barth paradoxe Aussagen:

Wir sollen als Theologen von Gott reden. Wir sind aber Menschen und können als solche nicht von Gott reden. Wir sollen Beides, unser Sollen und unser Nicht-Können, wissen und eben damit Gott die Ehre geben.[34]

Diese Sätze stehen in Barths programmatischem Vortrag «Das Wort Gottes als Aufgabe der Theologie» vom Oktober 1922. Aufgrund solcher Stileigentümlichkeiten wurde damals von einem Aussenstehenden der Begriff «dialektische Theologie» geprägt (in Amerika «theology of crisis»), mit dem das Schaffen Barths und seiner Freunde in den zwanziger Jahren bezeichnet wird. Sprachrohr der Theologengruppe wurde die neugegründete Zeitschrift «Zwischen den Zeiten». Ein späteres Kapitel in diesem Buch wird sich den beiden grossen Römerbriefkommentaren Barths ausführlicher widmen.

In Göttingen, ab 1925 als Ordinarius in Münster und ab 1930 in Bonn, arbeitete sich Barth in seine neue Rolle als akademischer Lehrer ein. Er hielt Vorlesungen und Übungen anfänglich auch über neutestamentliche und kirchengeschichtliche Themen, wobei seine Neigung zur systematischen Theologie (Dogmatik – d.h. Glaubenslehre – *und* Ethik) immer deutlicher hervortrat. In mehreren Anläufen (zuerst in Vorlesungen und dann auch in Buchform) tastete er sich an die Dogmatik heran. 1927 erschien «Die christliche Dogmatik im Entwurf. Erster Band. Die Lehre vom Worte Gottes. Prolegomena zur christlichen Dogmatik.» Statt mit einem zweiten Band fortzufahren, fing Barth unter dem Eindruck des frühmittelalterlichen Theologen Anselm von Canterbury, über den er 1931 die Monographie «Fides quaerens intellectum»[35] publizierte, mit dem Projekt der Dogmatik noch einmal von neuem an. 1932 bis 1967 erschienen dann die 13 monumentalen Bände der trotzdem ein Fragment gebliebenen «Kirchlichen Dogmatik». Der neue Buchtitel hebt hervor, dass Barth die Theologie als *kirchliche* Wissenschaft betrieb, was er von seinem bei allen Gegensätzen hochverehrten «Antipoden» Friedrich Schleiermacher gelernt hatte. Schleiermacher (1768–1834) war der bedeutendste evangelische Theologe des 19. Jahrhunderts. In seiner «Kurzen Darstellung des theologischen Studiums» hatte er die Theologie als eine *kirchliche* Wissenschaft definiert. Ohne den kirchlichen Bezug bricht sie gemäss Schleiermacher auseinander. Ihre Teilgebiete fallen dann jedes «der Wissenschaft anheim, der sie ihrem Inhalte nach angehören»: «Sprachkunde und Geschichtskunde, [...] Seelenlehre und Sittenlehre, nebst den von dieser ausgehenden Disziplinen [...]»[36].

Während der 20er Jahre verlief Barths Leben von aussen gesehen ruhig. Er rückte zum meistbeachteten Theologieprofessor in Deutschland auf. Mit der Machtergreifung Adolf Hitlers am 30. Januar 1933 änderte sich die Lage fundamental. Für manche Jüngere, die von seinem politischen Wirken in Safenwil nichts mehr wussten, kam seine Verankerung im religiösen Sozialismus überraschend zum Vorschein. Als viele dem «Führer» unkritisch zujubelten und sogar Kirchenmänner in Hitler den wiedergekommenen Christus zu erblicken glaubten, bemerkte Barth im Sommer 1933 in seiner Kampfschrift «Theologische Existenz heute!» mit unterkühlter, aber deshalb beissenderer Ironie, dass er mit seinen Studenten in Bonn «nach wie vor und als wäre nichts geschehen – vielleicht in leise erhöhtem Ton, aber ohne direkte Bezugnahmen – Theologie und nur Theologie» treibe. «Etwa wie der Horengesang der Benediktiner im nahen Maria Laach auch im Dritten Reich zweifellos ohne Unterbruch und Ablenkung weitergegangen» sei[37]. Als er sich weigerte, den für Professoren obligatorischen uneingeschränkten Eid auf den «Führer» zu leisten, wurde er nach einem längeren Dienststrafverfahren am 21. Juni 1935 «in den Ruhestand versetzt», d. h. praktisch der Professur enthoben. Die schnell entschlossene Regierung des Kantons Basel-Stadt berief Barth nur drei Tage später auf einen ausserplanmässigen Lehrstuhl an der Universität seiner Vaterstadt, wo Barth dann die restlichen drei Jahrzehnte seines Lebens wirkte.

In der Zeit vor seiner Vertreibung in die Schweiz wirkte Barth als theologischer Berater der Bekennenden Kirche, für die er als seinen wohl wichtigsten Beitrag die «Theologische Erklärung» von Barmen vom 31. Mai 1934 entwarf. Diese ist nicht nur eine Kurzfassung von Barths Theologie, sondern sie hat die theologische Diskussion in der gesamten Ökumene bis in die jüngste Zeit hinein mehr als jedes andere Dokument aus diesem Jahrhundert mitbeeinflusst.

Jesus Christus, wie er uns in der Heiligen Schrift bezeugt wird, ist das eine Wort Gottes, das wir zu hören, dem wir im Leben und im Sterben zu vertrauen und zu gehorchen haben.

– Wir verwerfen die falsche Lehre, als könne und müsse die Kirche als Quelle ihrer Verkündigung ausser und neben diesem einen Worte Gottes auch noch andere Ereignisse und Mächte, Gestalten und Wahrheiten als Gottes Offenbarung anerkennen.[38]

Diese erste These von Barmen widersprach mit ihrer strengen Konzentration auf die Exklusivität der Offenbarung Gottes in Jesus Christus den pseudoreligiösen Ansprüchen der verschiedenen politischen und zivilen Ideologien. Als der in den 20er Jahren ebenfalls zur Gruppe der «dialektischen Theologen» gerechnete Zürcher Emil Brunner in seiner Schrift «Natur und Gnade» der Steilheit von Barths Ansatz behutsam, aber bestimmt entgegentrat, schleuderte ihm dieser seine wohl schärfste Kampfschrift «Nein! Antwort an Emil Brunner» entgegen (beide Publikationen im Jahr 1934[39]). Auch die bisher ganz Ahnungslosen erkannten spätestens in diesem Augenblick, dass die Gruppe der «dialektischen Theologen» endgültig auseinandergebrochen war, nachdem die Zeitschrift «Zwischen den Zeiten» bereits im Jahr 1933 aufgehört hatte zu erscheinen. Barth, Brunner, Bultmann und Gogarten gingen nun je ihren eigenen Weg. Gogarten wurde vorübergehend sogar Mitglied der mit Hitler sympathisierenden «Deutschen Christen». – Auch wenn die sogenannte Entmythologisierungsdebatte in den 50er Jahren es eine Zeitlang verdunkelte, hat sich jedoch die bereits in der Marburger Studienzeit geschlossene persönliche Freundschaft mit Rudolf Bultmann trotz theologischer Meinungsverschiedenheiten auch in der Folgezeit bewährt, besonders im Kirchenkampf. Man versteht weder Bultmann noch Barth, wenn man sich nicht ihrer engen Nachbarschaft und gegenseitigen Sympathie durch alle Jahrzehnte hindurch bewusst ist.

Während des Zweitens Weltkrieges konzentrierte sich Barth auf seine akademische Lehrtätigkeit in Basel, mit der das schrittweise Weiterwachsen der «Kirchlichen Dogmatik» unauflöslich verbunden blieb. Anders als der Werktitel es vermuten lässt, ist die «Kirchliche Dogmatik» streng auf die jeweilige Gegenwart bezogen. Bemerkenswert ist, dass *Barth häufig seiner Zeit so zu entsprechen suchte, dass er ihr – jedenfalls oberflächlich betrachtet – widersprach*: In der Zeit der allgemeinen Begeisterung für Hitler und für eine Offenbarung Gottes im «Volksgeist» sagte er «Nein!» In den 40er Jahren, als viele Städte Europas in Trümmer gesunken und unzählige Menschen entmutigt waren, beschrieb Barth im 1945 erschienen Band seiner «Kirchlichen Dogmatik» die «Schöpfung als Wohltat»[40]. In einem weiteren Band nahm er 1951 Albert Schweitzers Formulierung «Ehrfurcht vor dem Leben»[41] auf. Der gleiche Denker, der in seinem Römerbriefkommentar Gott den «ganz Anderen» nannte, publizierte 1956 eine Schrift mit dem Titel «Die Menschlichkeit Gottes»[42] und sang im gleichen Jahr ein Loblied auf Mozart[43]. Wie Barth der Zeit zu entsprechen suchte, indem er ihr oft widersprach, kann man auch daran zeigen, dass er, der berühmte Polemiker gegen den Nationalsozialismus, sich in der Zeit des Kalten Krieges nicht vom Antikommunismus vereinnahmen liess. Aus seinen Briefwechseln mit dem reformierten ungarischen Bischof Albert Bereczky und dem tschechischen Theologen Josef L. Hromádka geht jedoch hervor, dass er seine Freunde im Ostblock *gleichzeitig* vor einer allzu willfährigen Anpassung an den Kommunismus warnte.

In der Zeit nach dem Zweiten Weltkrieg wurde Barth eine der dominierenden Gestalten in der ökumenischen Bewegung. Seine Ausstrahlung ins französische und englische Sprachgebiet und in den katholischen Raum wurde laufend grösser und gipfelte in seiner Amerikareise von 1962 und in seinem Besuch bei Papst Paul VI. im Herbst 1966. Kurz zuvor hatte Barth seine offizielle akademische Lehrtätigkeit im Wintersemester 1961/62 mit seiner in Buchform erschienenen Vorlesung «Einführung in die evangelische Theologie»[44] abgeschlossen. Bereits zu seinen Lebzeiten war die Literatur über ihn kaum mehr zu überblicken, wobei einige der besten Arbeiten von katholischen (und zum Teil fremdsprachigen) Autoren stammen (Hans Urs von Balthasar[45], Hans Küng[46] und Henri Bouillard[47]). Obschon in den letzten Lebensjahren hinfällig, blieb Barth bis zum Schluss aktiv. Am Vorabend seines Todes arbeitete er am Manuskript für einen Vortrag, den er anlässlich der ökumenischen Gebetswoche für die Einheit der Christenheit im Januar 1969 vor evangelischen und katholischen Mitchristen halten wollte.

Wenn man Barths ganzes Lebenswerk überblickt, nimmt man eine *zunehmende Konzentration auf die Lehre von Christus* wahr. Immer intensiver meditierte Barth über die Menschwerdung Gottes in Jesus von Nazareth und ihre Konsequenzen. Die drei Bände (insgesamt 2984 Seiten) über die Versöhnungslehre im engeren Sinn in der «Kirchlichen Dogmatik» sind ihr Höhepunkt. – Die Konzentration auf die Lehre von Christus ermöglichte Barth paradoxerweise Ausflüge in überraschend zahlreiche Gebiete. In seinem Werk finden sich umfangreiche Abschnitte z. B. über Friedrich Nietzsche und Jean-Paul Sartre, über Leibniz und Lessing. In seinem Buch «Die protestantische Theologie im 19. Jahrhundert» von 1947 (beruhend auf Vorlesungen 1932–33) behandelte er, anders als der Titel erwarten lässt, unter anderem Rousseau, Kant, Herder, Novalis und Hegel, wobei gerade das Kapitel über Hegel von Hegelspezialisten als meisterhaft gerühmt wird.

Theologisch kennzeichnend für Barth ist einerseits seit dem Römerbriefkommentar seine Orientierung an der Bibel (zu den eindrücklichsten Stellen in der «Kirchlichen Dogmatik» gehören die eindringenden Exkurse über das Buch Hiob), anderseits die minutiöse Aufarbeitung der theologischen Tradition seit dem Altertum (eine Arbeit, bei der ihm ab 1929 seine Freundin und Mitarbeiterin Charlotte von Kirschbaum, 1899–1975, selbständig und unentbehrlich zur Seite stand). Seit seinem Buch über Anselm von Canterbury von 1931 hatte Barth sich immer mehr in die theologischen Denker des Altertums und des Mittelalters vertieft, auch in die Werke der altprotestantischen Orthodoxie, was ihm ermöglichte, in den Prolegomena zur «Kirchlichen Dogmatik» einen weiterführenden Beitrag zur Trinitätslehre zu liefern. Monographische Dimension haben die gelehrten theologiegeschichtlichen Exkurse über die Prädestinationslehre in der «Kirchlichen Dogmatik». Barths theologische Hauptwerke, die vor den subtilsten Begriffsbestimmungen nicht zurückschrecken, sind umstellt von einem fast unüberblickbaren Kleinschrifttum, in dem er oft Stellung zu Tagesfragen bezog. *Es ist dies der Aspekt, der in diesem Buch in den Mittelpunkt gerückt wird.*

Im Jahr 1968 (kurz vor seinem Tod) wurde Barth mit dem *Sigmund-Freud-Preis für wissenschaftliche Prosa der Deutschen Akademie für Sprache und Dichtung in Darmstadt* ausgezeichnet, was Anlass gibt, seine Sprache zu charakterisieren. Man steht dabei vor einem doppelten Phänomen: In den wissenschaftlichen Werken ist der Stil kreisend, teilweise redundant. Der niederländische Theologe Kornelis Heiko Miskotte spricht vom «Formprinzip der Wiederholung, Durchführung, Querverbindung im Fluss einer unerschöpflichen Beredsamkeit». Es sei der Versuch, für diese Aufgabe streng genommen wenig geeignete Begriffe auf und in Dienst zu nehmen «für die niemals ‹gegebene›, vieldimensionale Wahrheit»[48]. In mehr populären Zusammenhängen (auch in den Vorwörtern zu seinen Büchern und in seinen Briefen) erweist sich Barth als ein brillanter Rhetoriker, der es liebt, mit der Sprache zu spielen und griffige, oft ironische Pointen zu formulieren.

3

«ZOFINGIA UND SOCIALE FRAGE»

Die Theologie zog den jungen Barth bereits in seinen ersten Studiensemestern in den Bann. Seminararbeiten[49] zeigen uns einen Studenten, der von Anfang an zielbewusst seinen Weg ging. Doch nun zum eigentlichen Thema dieses Buches, dem *politischen* Karl Barth: Bereits der noch nicht zwanzigjährige Theologiestudent nahm sich nicht nur für «Theologie pur», sondern auch für das Tagesgeschehen Zeit. Wichtig war ab Herbst 1904 seine Mitgliedschaft in der Berner Sektion des Schweizerischen Zofingervereins, der als Studentenverbindung sogenannten «Zofingia», die er im Sommersemester 1906 sogar präsidierte. Die «Zofingia» war der Ort, wo Barth zum ersten Mal das politische Parkett betrat.

Als älteste studentische Vereinigung der Schweiz wurde der Zofingerverein im Jahr 1819 gegründet. Er war ein geistiger Ableger der «Allgemeinen Deutschen Burschenschaft», welche zwei Jahre nach dem berühmten Wartburgfest (18./19. Oktober 1817) von den reaktionären Kräften Europas unter der Führung des Fürsten Metternich verboten wurde. Die Burschenschaft forderte «eine konstitutionelle Monarchie mit Ministerverantwortlichkeit, einheitliches Recht mit öffentlichen Verfahren und Geschworenengerichten, Rede- und Pressefreiheit, Selbstverwaltung, allgemeine Wehrpflicht und anderes. Radikale Gruppen wollten eine Republik.»[50]

> *Nous l'avions bâtie,*
> *la blanche maison*
> *où coula notre vie*
> *dans sa belle saison. [...]*

Amis, bon courage,
bravons leur courroux!
Dieu bénit notre ouvrage
et triomphe avec nous.[51]

Dieses Lied, das auch heute noch an jeder Veranstaltung der «Zofingia» angestimmt wird, wobei man von den Sitzen aufsteht, ist die französische Nachdichtung eines Liedes von August von Binzer, das die aufgebrachten Studenten am 26. November 1819 in Jena anlässlich der gewaltsamen Auflösung der Burschenschaft sangen:

Wir hatten gebauet
ein stattliches Haus
und drin auf Gott vertrauet
trotz Wetter, Sturm und Graus. [...]
Das Haus mag zerfallen,
was hat's denn für Not?
Der Geist lebt in uns allen,
und unsre Burg ist Gott![52]

Fast könnte man definieren: Die «Zofingia» ist der liberale Flügel der deutschen Burschenschaft – in die Schweiz und ins Französische transponiert. Studenten aus Zürich und Bern trafen sich vom 21. bis zum 24. Juli 1819 in der Kleinstadt Zofingen (Kanton Aargau), die ungefähr in der Mitte zwischen ihren Studienorten lag. Ein gemeinsames Fest wurde gefeiert. «Alle Anwesenden durchströmte bei den Verhandlungen im ‹Ochsen› und dem Mahl im ‹Rössli› eine wenig bestimmte, aber umso feurigere Begeisterung.»[53] Man beschloss, das Treffen jährlich zu wiederholen. Studenten aus weiteren Schweizer Städten stiessen bald dazu. Es entstanden sogenannte «Sektionen» in Zürich und Bern (1819), Lausanne und Luzern (1820), Basel und Freiburg im Breisgau (1821), St. Gallen und Schaffhausen (1824), Chur (1828), Freiburg im Üechtland (1829), Aarau (1834),

Lugano (1854) und Schwyz (1857)[54]. Die aufgezählten
Orte machen deutlich: Von Anfang an waren nicht nur
Studenten, sondern auch Gymnasiasten in der «Zofingia» vertreten. Bereits 1820 hatte der Zofingerverein 120
Mitglieder aus vier Kantonen[55]. Grundgedanke war,
dass alle Schweizer, die eine höhere Bildung anstrebten,
in einer einzigen Vereinigung gesammelt werden sollten. Auf die Dauer liess sich das Ziel jedoch nicht reali-
sieren. Bereits 1824 gab Franz Xaver de Neveu, Bischof
von Basel, bekannt, dass die «unselige Verbrüderung»
der Studenten von Solothurn mit dem «Verein der Pro-
testanten zu Zofingen» sein «oberhirtliches Herz» um so
tiefer betrübe, als diese Vereine nichts weniger als die
«Untergrab- und Umwälzung der Kirche und des Staates» bezweckten. Kandidaten der katholischen Theologie, «die in einer geheimen Gesellschaft und mit Prote-
stanten in Verbindung stünden», könnten die Priester-
weihe nicht empfangen[56].

Es erübrigt sich, weitere Einzelheiten zu erzählen.
Der Schweizerische Zofingerverein entwickelte sich zu
einer Vereinigung, in der katholische Mitglieder eine
Ausnahme sind. Im Lauf des 19. Jahrhunderts kam es
zu weiteren Abspaltungen. In erster Linie ging es um
die Frage: Wollte man sich mit einer bestimmten politischen Partei identifizieren (wofür sich die «Helvetia»,
die bedeutendste Abspaltung der «Zofingia» entschied
– nämlich für die «Radikalen»), oder wollte man für
verschiedene Richtungen offen bleiben. 1848 wurde der
folgende Satz in die Statuten aufgenommen: «Als freie
Schule freier Überzeugung nimmt der Zofingerverein
alle Meinungen in sich auf.»[57] Die «Zofinger» waren der
Überzeugung, dass «ihr Verein keine politische Richtung ausschliessen dürfe»[58], die Sphäre der «Zofingia»
sei die Vielfalt.

Seit eh und je übte man in der «Zofingia» den politischen Diskurs. Der Zofingerverein war «in seiner äusseren und inneren Struktur ein Spiegelbild des schweize-

rischen Geistes- und Staatslebens, in dem Kirche und Theologie nicht in Separation, sondern in – kritischer! – Solidarität ihren Auftrag zu erfüllen» hatten[59]. Zahlreiche bedeutende evangelische Schweizer Theologen im 19. Jahrhundert und um die Jahrhundertwende waren Mitglieder der «Zofingia». Karl Barth war ein begeistertes, wenn auch rebellisches Mitglied. Bis ins hohe Alter blieb er mit dem Verein verbunden. Noch im Jahr 1959 liess er sich zweimal von den Basler Aktiven zu einem Diskussionsabend einladen[60]. In «Bern habe ich meine Tage mit studentischer Herrlichkeit zugebracht», sagte er in einem späten Rückblick[61]. Zu schmunzeln gibt ein Abschnitt in der Autobiographie des deutschen Theologen Günther Dehn (in der Zeit des deutschen Kirchenkampfes und später ein enger persönlicher Freund Karl Barths), der seine erste Begegnung mit dem nachmaligen Kampfgenossen folgendermassen darstellt:

Wir waren bei dem Professor für Kirchengeschichte und Neues Testament Fritz Barth in Bern zum Abendessen eingeladen. Ich sass neben dem ältesten Sohn, einem Studenten der Theologie. Gern hätte ich mit ihm ein Gespräch über kirchliche und theologische Verhältnisse, sonderlich in der Schweiz, geführt, aber dafür gab es keine Möglichkeit. Zwar redete er hinreichend viel, aber es ging immer nur um seine Verbindung, die Zofingia, was mich ganz besonders ärgerte, da ich ja ein geschworener Gegner von Studentenverbindungen war. Offenbar hatte er im Semester allerhand Auseinandersetzungen gehabt und war nun von seinen Erlebnissen erfüllt. Dass dieser Student der nachmals so berühmte Theologe Karl Barth werden sollte, blieb mir an jenem Abend völlig verborgen.[62]

In der Zeit, in der Barth ein Aktivmitglied wurde, waren einige «Zofinger» in der damals aktuellen *religiössozialen Bewegung* engagiert. Sowohl Hermann Kutter als auch Leonhard Ragaz – die beiden «Oberhäupter» der religiössozialen Bewegung – waren Mitglieder der «Zofingia» und publizierten Artikel im «Centralblatt» des schweizerischen Zofingervereins. Im Jahr 1889 hatte der damals in Basel studierende Leonhard Ragaz der «Zofingia» «das Studium der sozialen Frage» ans Herz gelegt, die «das Höchste» sei, was «unsere ideenlose Zeit» bewege[63].

Für die Barth-Forschung ist es ein Glücksfall, dass Barths in der «Zofingia» Bern am 20. Januar 1906 gehaltener Vortrag «Zofingia und sociale Frage» erhalten geblieben ist. Die Günther Dehn gegenüber angedeuteten Auseinandersetzungen in der «Zofingia» hingen mit diesem Vortrag zusammen. Barth war damals im dritten Studiensemester und noch nicht 20jährig. Und doch wird spürbar: Er ist nicht nur ein intellektuell hochbegabter junger Student, sondern zugleich einer, der politisch äusserst wach ist. Ein bemerkenswertes Detail: Unter den Hörern des Vortrags des jungen Karl Barth befand sich auch der spätere Bundesrat Eduard von Steiger, mit dem Barth sich vor allem wegen der Flüchtlingsfrage in den 40er Jahren überwarf. Aus dem Protokoll der Veranstaltung geht hervor, dass die beiden sich schon damals nicht verstanden.

Karl Barth war ein ernsthafter und sensibler junger Mensch, auch wenn er bei gewissen geselligen Anlässen über die Stränge schlagen konnte. In seinem Vortrag übte er Kritik an seiner Verbindung, indem er den Kommilitonen vorrechnete: Nur Söhne aus gutem Haus konnten sich die Zugehörigkeit zur «Zofingia» leisten. Der Mitgliederbeitrag und die dazu kommenden Unkosten waren hoch (10 Franken im Monat – mehr als das Doppelte dessen, das Fabrikarbeiter damals an einem 13–15-Stundentag verdienten[64]), was nach Karl Barth dem ursprünglichen Anliegen der Gründer des Zofingervereins nicht entsprach. In Bezug auf die Zusammensetzung sei nicht alles, «wie es sein sollte». Barth warf der «Zofingia» vor, dass die Zahl der «Schweizerstudenten aus untern resp. mittleren Kreisen» in ihren Reihen klein sei.

Und doch wäre es eine hohe Aufgabe der Zofingia [...] –
gerade schon durch ihre Zusammensetzung auf eine Über-
brückung der socialen Kluft hinzuwirken. Einige Ausnahmen
will ich abrechnen, im Ganzen wird man mir aber zugeben
müssen, dass wir unterwegs sind, die Studentenverbindung der ‹guten Gesellschaft› *zu sein.*

[...] wenn aber die Zofingia zur Clique wird, und zwar zur
Clique der ‹guten Gesellschaft›, dann ist eine sociale Thätig-
keit in ihrem Innern, d.h. eine sociale Erziehung ihrer Mit-
glieder [...] von vornherein schwer gefährdet, wo nicht
lahmgelegt, weil sie ja im socialen Kampf selbst Partei ge-
worden ist.[65]

Es gehe um «die ganz ordinäre Frage nach dem Geld-
sack»[66]. Die «offizielle und inoffizielle Belastung» der
Mitglieder müsse «um jeden Preis vermindert werden.»[67] Barth verlangte, dass die «*Möglichkeit einer grös-*
seren socialen Mannigfaltigkeit in der Zusammensetzung der
Sektion» geschaffen werde. Nach aussen forderte er die
«*Aufhebung einer veralteten Betonung des äusseren Stan-*
desunterschiedes gegenüber den untern socialen Schichten»[68].

Beeindruckend am Vortrag des jungen Karl Barth ist
seine politische Belesenheit. Im ersten Teil seiner Aus-
führungen sprach er ausführlich über die zahlenmässi-
gen Erfolge der sozialdemokratischen Partei im Deutschen Reich, was er als Indikator für soziale Probleme
interpretierte:

Ich erinnere [...] an Altbekanntes, wenn ich z. B. Einiges aus
den Ergebnissen der deutschen Reichtagswahlen *von 1903*
hier citiere: Im Königreich Sachsen wurden 1903 von 23
Abgeordneten 22 Socialdemocraten gewählt, wovon 18 im
ersten Wahlgang. In den Hansastädten Lübeck, Bremen und
Hamburg wurde ausschliesslich socialdemocratisch gewählt:
von rund 220000 abgegebenen Stimmen entfielen 136000
auf die Socialdemocratie. Die Reichshauptstadt Berlin wählte
von 6 Abgeordneten 5 Sozis! Städte wie München, Stuttgart,

Karlsruhe, Weimar, Braunschweig, Speyer, Nürnberg, Mannheim, Darmstadt, Mainz, Esslingen u. A., sowie bezeichenderweise auch mehrere der kleinen thüringischen Fürstentümer wählten durchgehend nach socialdemocratischem Vorschlag. – Das sind Zahlen und Namen, aber ich denke, sie reden eine deutliche Sprache![69]

Er kam auch auf die Schweiz zu sprechen und stellte fest, dass auch in der Schweiz von 1906 die «Verhältnisse sich immer mehr und mehr» verschärften, dass der «Riss zwischen *Kapital* und *Arbeit*, zwischen *Mammonismus* und *Pauperismus*, kurz gesagt: zwischen *Reich* und *Arm*, [möge] er nun im Munde socialdemokratischer Agitatoren eine Phrase sein oder nicht, thatsächlich immer grösser» werde[70].

Bereits damals konnte Karl Barth vom «unerträglichen Militarismus» in Deutschland sprechen und vom «byzantinischen Fürstenwesen» und der «Kosakenknute» in Russland[71]. Aus der Bettagspredigt 1905 des damals am Basler Münster wirkenden Leonhard Ragaz zitierte er:

Auf der ganzen Linie ist der soziale Streit entbrannt. Er hat eine unerhörte Heftigkeit angenommen. In der allerletzten Zeit ist es zu unsrer nationalen Beschämung bis zu gewalttätiger Störung der bürgerlichen Ordnung gekommen. Eine tiefgehende Verbitterung hat sich der Gemüter bemächtigt. In zwei feindliche Heerlager droht unser Volk sich zu trennen, ganz wie in den schlimmsten Zeiten unsrer Geschichte; und wenn einmal das Militär mit scharfer Munition versehen durch die Strassen unsrer Städte zieht, dann steht schon das Gespenst des blutigen Bürgerkrieges vor uns. Auf beiden Seiten zeitigt der Kampf Erscheinungen, die uns wehe tun und die nichts Gutes weissagen. Alle Verhältnisse werden immer mehr von der Bewegung erfasst; viele Existenzen sehen sich äusserlich bedroht, andere leiden an den innern Konflikten, die diese Lage nach sich zieht.[72]

Leonhard Ragaz hatte grosses Aufsehen erregt, als er im Jahr 1903 im Zusammenhang mit dem Basler Maurerstreik, der die ganze Stadt in Aufruhr versetzte, eine Predigt hielt, in der er das «offizielle Christentum» als «kalt und verständnislos» gegenüber dem «Werden einer neuen Welt» angriff und sich auf den Standpunkt stellte, dass die Christen «auf die Seite der Armen und der aufsteigenden Volksschichten» gehörten[73]. Ganz von Anfang an war der junge Barth erheblich von Ragaz beeinflusst.

Als Theologiestudent wusste Karl Barth natürlich auch aus der Bibel zu zitieren. Er erinnerte an das doppelte Liebesgebot, Lukas 10, 28f., und deutete es im Jargon der damals modernen Theologie als doppelte «*Verantwortlichkeit des Individuums einerseits der Gottheit, andrerseits der Menschheit gegenüber*». – Und ein letztes, für Barths Lebenswerk wichtiges Motiv: Wenn er bereits als junger Student die «sociale Frage» thematisierte, tat er es bewusst im Anschluss an die Tradition der schweizerischen Reformation. Er berief sich auf Zwingli, Ökolampad (den Basler Reformator) und Calvin und betonte mit Genugtuung, dass das «Princip der Gleichheit aller Bürger vor dem Staate» in «schweizerischen Städterepubliken wie Basel und Zürich schon lange vor der französischen Revolution» bekannt gewesen sei[74].

Es war dem jungen Theologen also bewusst, dass die schweizerische Ausprägung des Protestantismus politisch speziell gefärbt ist. Von Anfang an bestand eine besondere Affinität zwischen reformiertem Christentum und einer republikanischen Gesinnung. Historisch ist es mehr als ein Zufall, dass «die politische Form der repräsentativen Demokratie» unter anderem auf den «Grundsatz der Ämterteilung» in den «Ordonnances ecclésiastiques» Johannes Calvins zurückgeht[75]. – Wer den jungen «Zofinger» Karl Barth im Jahr 1906 kennenlernte, konnte auf seinen weiteren Weg im politischen Bereich gespannt sein.

4

PFARRER IN SAFENWIL

Am 9. Juli 1911 wurde der inzwischen 25jährige Karl
Barth als Pfarrer in die aargauischen Gemeinde Safenwil eingeführt. Und sofort lernte man ihn als einen
Seelsorger kennen, der sich nicht nur um die Seele,
sondern auch um den Leib seiner Gemeindeglieder
kümmert. Der junge Barth war ein «religiössozialer»
Pfarrer – angeregt von Leonhard Ragaz und Hermann
Kutter, aber auch von Christoph Blumhardt dem Jüngeren. Dieser württembergische Theologe trat im Herbst
1899 der sozialdemokratischen Partei bei. Der damals
sehr ungewöhnliche Schritt erregte grosses Aufsehen.
Auf Wunsch der Kirchenleitung musste Blumhardt «frei-
willig» auf den Pfarrertitel verzichten. Am 18. Dezember 1900 wurde er als sozialdemokratischer Abgeordneter in den württembergischen Landtag gewählt, dem
er sechs Jahre lang angehörte. Von den Theologen, die
sich um die Jahrhundertwende öffentlich an die Seite
der notleidenden Arbeiterschaft stellten, war Blumhardt
wohl der mutigste und «grösste». Karl Barth lernte den
berühmt-berüchtigten Mann am 27. Dezember 1907
kennen und besuchte ihn von diesem Zeitpunkt an
mehrfach[76]. Nach seinem Tod im Jahr 1919 schrieb er
auf ihn einen Nachruf, in dem er ihm ein «feines durch-
dringendes Gehör für das Seufzen nach Erlösung» atte-
stierte. Dieses gehe durch die ganze Schöpfung. Blumhardt konnte sich nicht «mit dem, was jetzt ist und
besteht und gilt», abfinden. Die «Last [...] und auch die
Freude» seines Lebens bestand darin, dass er «immer
und überall an das Neue» glaubte, «das aus dem Alten
geboren werden will»[77]. Karl Barth war davon über-

zeugt, dass Christoph Blumhardt «lebendig bleiben» werde «unter allen, die es fassen können, um was es in diesem Leben gegangen ist: um den Sieg der Zukunft über die Vergangenheit»[78]. Blumhardt blieb für Barth ein Mann der «Zukunft»[79].

Die Mehrzahl der Gemeindeglieder in Safenwil waren Textilarbeiterinnen und Textilarbeiter in einer sehr schwierigen wirtschaftlichen Situation. Dazu ein Bericht über die Zustände in den Aargauer Dörfern Fahrwangen und Meisterschwanden, wo die Stroh- bzw. Feingeflechtindustrie heimisch war – die Verhältnisse in Safenwil waren damit vergleichbar:

Die bedeutendsten Unternehmen – Gebrüder Fischer, Henry Schlatter und Hans Fischer & Cie. – machten im Jahre 1911 von sich reden, als weithin bekannt wurde, unter welchen Bedingungen die bei ihnen beschäftigten Arbeiter produzierten:

‹*Die nominelle Arbeitszeit dauerte 11 Stunden; lange Zeit mussten die Arbeiter und Arbeiterinnen aber ohne jeden Lohnzuschlag 12 Stunden [in der Fabrik arbeiten]. Und dann gab man ihnen noch Geflecht zum Reinigen mit nach Hause, für welche Arbeit die Familien auch noch je eine bis drei Nachtstunden aufwenden mussten. Und die ‹Löhne›: Stundenlohndurchschnitt 22 Rappen! Bei 13- bis 15stündiger Fabrik- und Heimarbeit konnte man es also auf den fürstlichen Taglohn von 4 Franken bringen. Kam einmal eine Arbeiterin eine Viertelstunde zu spät, so hatte sie 50 Rappen Busse zu zahlen, also mehr als der Lohn für zwei Arbeitsstunden ausmachte. Ein Grossteil der Arbeiterinnen ‹verdiente› in 11 Stunden zwischen Fr. 1.90 bis Fr. 2.50.›*

Als Verhandlungsangebote der Arbeiter von seiten der Unternehmer abschlägig beschieden wurden, begann eine 31 Wochen dauernde Auseinandersetzung. Der Textilarbeiterverband wurde um Hilfe angegangen. ‹Am 9. April fand eine Ver-

*sammlung statt; es wurde eine Gewerkschaft gegründet, die
bald 250 Mitglieder zählte.›*

*Die Unternehmer reagierten darauf mit einem ‹Mahnruf an
die Arbeiterschaft› [...]. Danach wurde den bereits dem Ver-
band Beigetretenen mit Kündigung auf den 15. April ge-
droht, falls sie nicht austräten [...]. Die Arbeiter beriefen sich
auf das in der Verfassung gewährte Vereinsrecht. Zwar nah-
men die Unternehmer ‹auf den Rat der Regierung die Kündigung[en] gegen alle Organisierten zurück, weil diese [...]
ungesetzlich waren›; später sprachen sie aber erneut zahlreiche Kündigungen aus, ‹so dass wiederum rund hundert
Arbeiter ausgesperrt waren und die übrigen Organisierten
jeden Tag mit der Entlassung rechnen mussten.*

*Schliesslich wurde eine Grossaktion gestartet: Fabrikanten
höchst persönlich und [leitende Angestellte] mussten sich an
die einzelnen Arbeiter und Arbeiterinnen heranmachen,
ihnen auf den Fabrikbüros geschriebene Austrittserklärungen
vorlegen und sie zur Unterzeichnung überreden.› Von den
nunmehr 270 Verbandsmitgliedern traten jedoch nur 28 aus.
Die Zusammenkünfte während der Auseinandersetzungen
fanden in einem Schuppen statt, da den Arbeitern die
Versammlungslokale gesperrt waren.[80]*

In einem Brief an den Basler Theologieprofessor Paul
Wernle vom 26. April 1912 schrieb Barth – also knapp
ein Jahr, nachdem er in Safenwil als Pfarrer eingeführt
worden war –, er sei selbst erstaunt gewesen, sich «ein
halbes Jahr» nach seiner Ankunft in Safenwil «mitten
unter den Sozialisten vorzufinden»[81]. Darüber hinaus
wurde er Ortspräsident des Blauen Kreuzes (einer pie-
tistisch gefärbten Vereinigung, die den Alkoholismus bekämpfte; ihre Mitglieder mussten versprechen, selbst
auf Alkoholkonsum zu verzichten). Wie Barth sich selbst
in der Rückschau sah, hatte er in seiner Genferzeit wenig vom Sozialismus und vom Blauen Kreuz gehalten

(angesichts seines Vortrags in der «Zofingia» allerdings eine übertriebene Behauptung). Das «beste und sozusagen einzige Arbeitsmittel des Pfarrers» sei damals eine «wohldurchdachte Dogmatik» gewesen, heisst es im gleichen Brief[82]. Karl Barth betrachtete die theologische Arbeit in Safenwil immer noch für sehr wichtig. Und doch hatte er «das Achselzucken über das bewusste Stellungnehmen zu den praktischen Fragen» hinter sich. Er konnte politisch nicht neutral sein. In Safenwil brachte er es nicht mehr fertig, «über den Wolken» zu schweben. Er musst Ja oder Nein «zum Kapitalismus wie zum Alkoholismus» sagen. Es war ihm verwehrt, diesen Dingen vom Fenster seines Pfarrhauses aus einfach zuzugucken und «ein neutrales ‹Evangelium›» zu vertreten.[83]

Karl Barth wurde zunächst noch nicht Mitglied der sozialdemokratischen Partei, obschon der fünfköpfige Vorstand des Safenwiler Arbeitervereins ihm im Sommer 1913 in corpore «die Bitte vortrug, er möge dem Verein (und damit der Sozialdemokratischen Partei) als Mitglied beitreten und zugleich dessen Präsidium übernehmen.» In einem Brief an einen Studienkollegen äusserte sich Barth dazu, er «habe nach 4 Wochen Überlegung schliesslich abgelehnt. Nicht prinzipiell, sondern vorläufig». Ein theologisches Hindernis lag nach seinem Dafürhalten nicht vor, im Gegenteil, aber er fühlte sich «der Unternehmung noch nicht gewachsen 1. hinsichtlich der politischen Kenntnisse u. Gewandtheiten, die dazu nötig sind, 2. hinsichtlich der Vereinigung dieser Aufgabe mit denen des Pfarramts». Er wollte «beidem auf eine anständige Weise leben.» So war er «aus Opportunität vorderhand noch nicht vollständiger Sozi», es konnte aber «sicher noch geschehen».[84]

Obwohl der junge Dorfpfarrer von Safenwil sich von Anfang an auf die Seite der in einer schwierigen Lage lebenden Arbeiter in seiner Gemeinde stellte, brauchte es also einen längeren Gärungs- und Reifungsprozess, bis er mitten im Ersten Weltkrieg der sozialdemokratischen Partei beitrat. Seinem Freund Eduard Thurneysen erklärte er diese – für damalige Verhältnisse mutige – Entscheidung in einem Brief vom 5. Februar 1915:

Ich bin nun [gemeint ist der 26. Januar 1915] in die sozialdemokratische Partei eingetreten. Gerade weil ich mich bemühe, Sonntag für Sonntag von den letzten Dingen zu reden, liess es es mir nicht mehr zu, persönlich in den Wolken über der jetzigen bösen Welt zu schweben, sondern es musste gerade jetzt gezeigt werden, dass der Glaube an das Grösste die Arbeit und das Leiden im Unvollkommenen nicht aussondern einschliesst. Die Sozialisten in meiner Gemeinde werden mich jetzt nach meiner öffentlichen Kritik an der Partei hoffentlich richtig verstehen. Und ich selber hoffe nun auch, der ‹wesentlichen› Orientierung nicht mehr untreu zu werden, wie es mir vielleicht noch vor zwei Jahren bei diesem Schritt hätte passieren können. Alle politische Parteitätigkeit habe ich zunächst abgesagt, meine Mitwirkung besteht in Beiträge zahlen und Vorträge halten[85].

Der Text ist ein aufschlussreiches Dokument: Mit Haut und Haar ist Barth offenbar auch jetzt nicht Sozialist. Er weiss sich, wie er sich ausdrückt, dem Glauben an «das Grösste» verpflichtet, d. h. an Gott, demgegenüber alle irdischen Dinge nur eine relative Bedeutung haben. Er kritisierte öffentlich die deutschen Sozialdemokraten, weil sie gegen alle Parteitheorie des «Proletarier aller Länder, vereinigt euch!» im Sommer 1914 für die Kriegskredite stimmten[86]. Und doch wollte er sichtbar Partei ergreifen, weil er von einem frei schwebenden Intellektualismus nichts hielt.

Barths engster Freund, Eduard Thurneysen, vertrat hier bei aller Verbundenheit eine zurückhaltendere Position. Er war zwar auch religiössozial, wurde aber nicht Parteimitglied. Im November 1914 schrieb er, dass es ihm um «das Herausarbeiten einer überlegenen, an

Gott orientierten und allein von ihm das Grösste erwartende Glaubenshaltung» ging, eine «rein von innen heraus» bestimmte «religiöse Orientierung»[87]. Thurneysen wollte den Sozialismus verinnerlichen und vertiefen[88]. In einem leider verlorengegangenen Brief muss er bereits im Juni 1913 davon gesprochen haben, es sei nötig, das Christentum zu «entpolitisieren». Karl Barth gab Thurneysen damals das Folgende zu bedenken:

Das von der ‹Entpolitisierung›, was du mir vorgetragen hast, verstehe ich nicht recht. Willst du damit sagen, die Christen überhaupt sollten sich vom Parteileben fernhalten, oder nur die Pfarrer? Soll man den Parteien dann [die] überlassen, die dem Evangelium fernstehen? Wenn ich [gegenüber dem Anliegen, in die sozialdemokratische Partei einzutreten] Nein sage, so tue ichs mit unfreudigem Herzen, im Gefühl, dass ich der menschlichen kläglichen Schwachheit eine Konzession mache, meiner eigenen und der der anderen [...]. Aber irgendwelches christliches Pathos kann ich für dieses Nein nicht aufbringen, ich kann nur sagen: Leider, leider vorläufig nicht.[89]

Karl Barth war nicht der Typ, der sich in einer kritischen Situation vornehm zurückhält. Deshalb wurde er dann auch der grosse Oppositionelle in der Zeit der nationalsozialistischen Bedrohung.

Vom Sommer 1913 an, nachdem er offiziell gefragt worden war, ob er nicht das lokale Parteipräsidium übernehmen wolle, beschäftigte Barth sich auch theoretisch intensiv mit ökonomischen und sozialpolitischen Problemen. «Im Herbst 1913 begann er mit der Ausarbeitung [einer] Materialsammlung ‹Die Arbeiterfrage›.» Am 15. Dezember 1913 schrieb er dazu, die Theologie schiebe sich «bedenklich in den Hintergrund»; Barth fürchtete, die «Sache über die Persönlichkeit Gottes», die in der «Zeitschrift für Theologie und Kirche» erscheinen sollte, werde «für längere Zeit [sein] letztes derartiges

Wort sein.» Mit der «Sache über die Persönlichkeit Gottes» meinte er einen grossen, systematisch-theologischen Aufsatz, den er in der wissenschaftlich angesehenen Zeitschrift «in zwei Teile zerlegt»[90] im Jahr 1914 in den Druck gab.

In jener Zeit entstand eine Materialsammlung, die «aus 61 eng beschriebenen, durchnumerierten losen Blättern im Format 23 x 18 cm» besteht, «die in dem gleichformatigen Umschlag eines Schulheftes zusammengelegt sind.» Der grösste Teil ist von Barth selbst beschrieben. Es finden sich aber auch «verschiedentlich Zeitungsausschnitte, öfters ganze Artikel eingeklebt»[91]. Das Konvolut belegt, wie intensiv Barth sich in die Fragestellung einarbeitete. Er las nationalökonomische Werke, z. B. des sozialreformerischen Berliner Professors Werner Sombart, über dessen Buch «Sozialismus und Soziale Bewegung» er von Mitte Januar bis Ende März 1912 Leseabende im Pfarrhaus durchführte[92]. So ausführlich Barth sich mit Fragen der Nationalökonomie beschäftigte, so wenig scheint er allerdings mit Originaltexten der Klassiker der Nationalökonomie wie Adam Smith, David Ricardo und John Stuart Mill in Berührung gekommen zu sein. Abgesehen von Sombart war das wichtigste von ihm durchgearbeitete Buch der 761 Seiten starke Band «Die Arbeiterfrage» von Heinrich Herkner, Professor der Nationalökonomie an der Königlichen Technischen Hochschule in Berlin[93]. In einem Brief an einen Jugendfreund bedauerte Barth, dass er es als Student in Berlin versäumt habe, «Nationalökonomie zu nehmen». Alles musste er nun «so gelegentlich zusammenraffen». Barth abonnierte die «Gewerkschaftliche Rundschau», den «Textilarbeiter», ein Blatt des Konsumvereins und eine Bauernzeitung. Er las jetzt täglich den Handelsteil der Basler Nachrichten – «mit vielem Fleiss», freilich «oft ohne Erfolg». Vieles war ihm «noch recht dunkel». Seine Freunde wussten von ihm, dass er mathematisch und finanztechnisch nicht sonderlich begabt war.

Barth erkannte deutlich, dass vor allem auch der Bildungsstand der Fabrikarbeiterschaft gehoben werden musste. Neben seiner kirchlichen Tätigkeit im engeren Sinn (Predigt, Unterricht, Seelsorge) organisierte er Erwachsenenbildungsabende für Arbeiterinnen und Arbeiter, in denen er mit diesen – wie er sich ausdrückte – «die ordinären praktischen Fragen (Arbeitszeit, Kassenwesen, Frauenarbeit etc.)» diskutierte. An Eduard Thurneysen schrieb er, er mache das «ohne Begeisterung einfach weil es notwendig» sei[94]. In dieser Formulierung zeichnet sich ab, was später eine noch grössere Bedeutung erhalten sollte: Barth war politisch zwar sehr aktiv, zugleich aber war er gegen jede ideologische Überhöhung politischer Aktionen.

Im Winter 1911/12 unterrichtete er in der Haushaltungsschule Gesundheitswesen und Buchführung[95]. Die «Bildung gewerkschaftlicher Organisationen unter den Arbeitern» in Safenwil wurde «von den Fabrikherren ebenso gehemmt wie von Barth gefördert»[96]. Immer neu wurde deutlich, wie intensiv der junge Gemeindepfarrer sich mit den ihm anvertrauten Menschen identifizierte. Zur Zeit der Grippeepidemie im Herbst 1918 wurde er Präsident einer elfköpfigen «Notstandskommission mit 6000 Fr. Bar-Kapital». Und «nun wird auf Tod und Leben Suppe gekocht im Schulhaus für alle, die wollen, und weitere nützliche Werke mit Kleidern etc. sollen folgen.»[97]

Zum Schluss dieses Kapitels zu Barths Vortrag «Jesus Christus und die soziale Bewegung», einem höchst bedeutenden Dokument: Barth hielt ihn am 17. Dezember 1911 in Safenwil – also nur ein halbes Jahr nach seiner Einführung ins dortige Pfarramt. Der Vortrag zeigt, wie schnell Barth sich in die Situation einlebte. In vier Fortsetzungen erschien der Text im «Freien Aargauer». Der junge Pfarrer wurde darauf in der Zeitung vom Sohn eines Dorffabrikanten heftig und sehr undifferenziert angegriffen. Die Sonntagsgottesdienste wurden von jetzt an als Folge dieser Auseinandersetzung besonders gut besucht. Zunächst eine starke Stelle aus dem spektakulären Angriff:

Hr. Pfarrer, Sie sind noch sehr jung. Lassen Sie sich deshalb von einem Älteren sagen, dass selbst im 20. Jahrhundert immer noch ein Unterschied zwischen Theorie und Praxis besteht, über den uns auch die ältesten, und deshalb nicht mehr zeitgemässen Bibelsprüche, nicht hinweghelfen.[98]

Dazu muss angemerkt werden, dass der Fabrikantensohn nur wenige Jahre älter als Barth war. Einige Kernstellen aus dem aufsehenerregenden Vortrag:

Was Jesus uns zu bringen hat, sind nicht Ideen, sondern eine Art zu leben. Man kann die christlich[st]en Ideen haben über Gott und die Welt und den Menschen und seine Erlösung und bei alledem ein vollkommener Heide sein. Und man kann als Atheist und Materialist und Darwinist ein echter Nachfolger und Jünger Jesu sein.[99]

Der Abschnitt erinnert an eine Äusserung Christoph Blumhardts, dem der atheistische Führer der deutschen Sozialdemokraten, August Bebel, der für die Menschheit eintrete, viel lieber war «als manche ‹fromme› Menschen»[100].

Ähnliche Gedanken finden sich bei Hermann Kutter, der 1903 in seinem Buch «Sie müssen» schrieb, die Rollen hätten sich vertauscht: «Die Kühnen und Gewaltigen sind matt geworden, und die Matten, Geringen und Elenden kühn und gewaltig. Was die Kirche tun sollte, das tun die Sozialdemokraten. Wo Gott wohnen sollte, da bleibt er ferne, und wo man ihn nicht anerkennt, da wohnt er.»[101]

Barth selbst fuhr in seinem Vortrag fort: Jesus war ein Arbeiter und nicht ein Pfarrer. Er fühlte sich «zu den Armen und Niedrigen» gesandt. Das sei «etwas vom Allersichersten, was uns aus der evangelischen Geschichte entgegen tritt».[102] Auf der sozialen Leiter kann man nicht tiefer als Jesus steigen. Keiner war ihm «zu tief und zu schlecht». Und zwar «war das nicht ein behäbiges Mitleiden von oben nach unten, sondern der Ausbruch eines Vulkans von unten nach oben.»[103]

Besonders eindrücklich war Barths Absage an ein einseitig idealistisches und nur nach «innen» gewandtes Christentumsverständnis:

[...] die Christenheit [ist] vielleicht in keinem Stück so sehr vom Geiste ihres Herrn und Meisters abgefallen wie gerade in dieser Schätzung des Verhältnisses von Geist und Materie, von Innerem und Äusserem, von Himmel und Erde. Man darf wohl sagen: 1800 Jahre lang hat die christliche Kirche gegenüber der sozialen Not immer auf den Geist, auf das innere Leben, auf den Himmel verwiesen. Sie hat gepredigt, bekehrt, getröstet, aber sie hat nicht geholfen. [Zugestanden], sie hat zu allen Zeiten die Hilfe der sozialen Not gegenüber empfohlen als ein gutes Werk christlicher Liebe, aber dass Helfen das gute Werk sei, das hat sie nicht gewagt zu sagen, sie hat nicht gesagt: die soziale Not soll nicht sein, um dann ihre ganze Kraft für dieses es soll nicht sein einzusetzen [...]. Das ist der grosse, schwere Abfall der christlichen Kirche, der Abfall von Christus. [...]

Das ganze Bild des Verhältnisses von Geist und Materie, von Himmel und Erde wird ein völlig anderes, wenn wir zu Jesus kommen. Für ihn gibt es nicht jene zwei Welten, sondern nur die eine Realität des Gottesreichs. Der Gegensatz zu Gott ist nicht die Erde, nicht die Materie, nicht das Äussere, sondern das Böse oder, wie er in der kräftigen Weise jener Zeit sagte: die Dämonen, die Teufel, die in dem Menschen wohnen. Und darum ist nicht das die Erlösung, dass der Geist von der Materie sich löse, dass der Mensch ‹in den

Himmel komme›, sondern das, dass Gottes Reich zu uns komme in die Materie und auf die Erde. Das Wort ward Fleisch (Joh. 1, 14) und nicht umgekehrt! [...] das Reich Gottes [...] muss Herrschaft werden über das Äussere, über das tatsächliche Leben [...][104]

Es sind Sätze, denen gegenüber Karl Barth Zeit seines Lebens die Treue hielt, auch wenn einiges einer begrifflichen Klärung und theologischen Vertiefung bedurfte. In einer «Bibelstunde» vor der Münsteraner Sektion der «Deutschen Christlichen Studentenvereinigung» sagte er 1926 in einer Auslegung von Römer 12, 1–2, wo davon die Rede ist, dass die «Leiber» Gott als ein «wohlgefälliges Opfer» hingegeben werden müssen:

Es ist entscheidend, dass da von den Leibern die Rede ist. Nicht etwa nur die Seele, der Geist, das innere Leben! Es ist wieder die Hand, die auf uns gelegt wird. Nun heisst es: so Mensch, ich brauche dich ganz und gar, wie du bist. Es gibt nicht ein besseres Teil in dir. Es ist nichts mit dem absoluten Gegensatz zwischen Geist und Natur, Seele und Leib. Das ist nicht neutestamentlich gedacht. Wir müssen uns vom Apostel sagen lassen: es gibt nichts Vornehmeres in dir. Du bist Sünder vom Kopf bis zum Fuss. Aber Gott will dich auch brauchen vom Kopf bis zum Fuss. [...] Wir sündigen mit Seele und Leib, Seele und Leib sind versöhnt, Seele und Leib sollen auch erlöst werden.

Es gibt keine Provinzen, von denen wir sagen können: da hat Gott nichts zu schaffen – da braucht Gott nicht dreinzureden. Es ist nicht so, dass es eine religiöse Sphäre gibt, wo wir mit uns reden lassen – und daneben eine andere, wo das Leben seine eigenen Gesetze hat und wir uns nichts vom Lichte Gottes hineinfallen lassen. Sondern wie dem Ganzen Barmherzigkeit widerfährt, so wird auch das Ganze unter die Strenge der Gnade gestellt. Gott will und braucht nichts weniger als alles![105]

Es handelt sich um eine Sicht, die für Karl Barths ganzes Lebenswerk konstitutiv ist. Das Geistliche und das Weltliche dürfen nicht auseinandergerissen werden. Es gibt keine Bereiche, wo nicht das Gesetz Gottes, sondern andere – «eigene» – Gesetze gelten. Ähnliche Formulierungen lassen sich aus allen Epochen von Karl Barths Lebenswerk beibringen. Für ihn war es zu allen Zeiten ein unverrückbares Fundament, dass der christliche Glaube und das ganze Leben – also auch das politische Leben – zusammengehören. *Der gnädige Gott erhebt gebieterisch Anspruch auf das ganze Leben.*

Besonders grundlegend ist der Vortrag «Evangelium und Gesetz», den Barth für eine Veranstaltung in Barmen am 7. Oktober 1935 schrieb und der aus diesem Grund bereits in diesem Kapitel Erwähnung finden soll. Barth lebte zu diesem Zeitpunkt bereits in Basel und reiste für diesen Vortrag zum letzten Mal in der Zeit des Nationalsozialismus nach Deutschland. Die Polizei verbot ihm dann allerdings, den Vortrag selbst zu halten. Jemand anderer musste das Manuskript vorlesen, während der Autor schweigend dabeisass. Im Anschluss an die Veranstaltung wurde Barth von der Staatspolizei an die Schweizer Grenze zurückgeführt. Für zehn Jahre sollte er deutschen Boden nicht mehr betreten.

In diesem Vortrag betonte Barth, der Glaube an die Rechtfertigung des Sünders bedeute «*Reinigung, Heiligung, Erneuerung*», oder er bedeute «gar nichts», er sei «Unglaube, Irrglaube, Aberglaube». Die Kirche muss nach Barth auch «das *Gesetz* Gottes, seine *Gebote*, seine *Fragen*, seine *Mahnungen*, seine *Anklagen* sichtbar und greifbar» machen – «*auch für die Welt, für Staat und Gesellschaft*»[106]. Es ist dies ein Klang, der sich durch Barths ganzes Lebenswerk hindurchzieht.

Von seiner Zeit in Safenwil über die Römerbriefkommentare bis hinein in die Ethikvorlesung von 1928/ 29 und die frühen Bände der «Kirchlichen Dogmatik» zitierte er gern das geflügelte Wort des schwäbischen

Pietisten Friedrich Christoph Oetinger: «*Leiblichkeit ist das Ende der Wege Gottes.*»[107] Der Satz bezieht Stellung gegen ein Christentumsverständnis, das sich einseitig an einem rein geistig verstandenen Jenseits orientiert und den Leib und damit die soziale Dimension verachtet. In seiner frühen Zeit bejahte Barth diesen Satz vollumfänglich. Später nannte er ihn «eine gute, wenn auch überspitzte Äusserung einer sehr nötigen Opposition gegen den naturflüchtigen Geist der Aufklärung», die sich aber «nicht zur Dogmatisierung» eigne[108]. Im Jahr 1940 wiederholte er das nuancierte Urteil: Das «bekannte Wort von *Fr. Chr. Oetinger,* dass das Ende der Wege Gottes die Leiblichkeit sei, [ist] eine historisch verständliche, aber sachlich bedenkliche Überspitzung». Sie wird nur dadurch erträglich, «dass man ‹*auch* die Leiblichkeit› zu lesen sich erlaubt.»[109]

Karl Barth arbeitete an seiner theologischen Position immer weiter, auch wenn gewisse Grundimpulse als Konstanten erhalten blieben – unter anderem sein waches Interesse an der Politik. Das folgende Kapitel wird zeigen, wie sich einiges in den Kommentaren über den Römerbrief verändert und vor allem präzisiert hat.

5

ZWEIMAL DER RÖMERBRIEF

Von seiner Zeit als Pfarrer im aargauischen Safenwil erzählte Barth als alter Mann in einem Interview, damals habe ihn am Sozialismus «vor allem das Problem der Gewerkschaftsbewegung interessiert.» Er «habe es jahrelang studiert und habe auch mitgeholfen, dass in Safenwil (wo es solches vorher nicht gegeben [habe]) drei blühende Gewerkschaften auf dem Plan blieben»[110]. Ein derartiges praktisches Engagement war für Barth unabdingbar. Theologisch-begrifflich war in den frühen Jahren vieles noch nicht hinreichend geklärt. Es brauchte die *Erschütterung durch den Ersten Weltkrieg*, um Barth zu zwingen, seine Grundhaltung *theologisch* exakter zu reflektieren.

Der Ausbruch des Weltkrieges bedeutete für ihn ein «doppeltes Irrewerden»[111]:

Es betraf *einerseits* die Tatsache, dass fast alle seine deutschen theologischen Lehrer ihr Einverständnis mit der Kriegspolitik Kaiser Wilhelms II. erklärten. Adolf von Harnack sass mit beratender Stimme dabei[112], als der Kaiser den Aufruf «An das deutsche Volk!» vom 6. August 1914 verfasste, dessen Schlusssätze lauten: «Wir werden uns wehren bis zum letzten Hauch von Mann und Ross, und wir werden diesen Kampf bestehen auch gegen eine Welt von Feinden. Noch nie ward Deutschland überwunden, wenn es einig war. Vorwärts mit Gott, der mit uns sein wird, wie er mit den Vätern war!»[113] Nationalistische Anliegen wurden hier unmittelbar mit Gott verknüpft.

Die *andere* Seite von Barths «Irrewerden» hing mit dem «Zusammenknicken der deutschen Sozialdemokraten»[114] zusammen, die – ebenfalls im August 1914 – im

Reichstag den Kriegskrediten zustimmten. Der Sozialismus konnte von da an unmöglich als eine «proleptische [d. h. vorwegnehmende] Erscheinung des Reiches Gottes»[115] gedeutet werden. Barth musste ein tragfähigeres Fundament für seine Theologie legen.

Der grosse Meilenstein in seiner theologischen Entwicklung ist sein Römerbriefkommentar von 1919. Dieses grosse Buch (durch dessen zweite, stark umgearbeitete Auflage von 1922 Barth eine Berühmtheit wurde) gehört in die Reihe der Schlüsselwerke des 20. Jahrhunderts. Aus dem profanen Bereich lässt es sich mit «Ulisses» von James Joyce vergleichen, der 1922 erschien. Philosophische Werke von analoger Bedeutung sind Ludwig Wittgensteins «Tractatus logico-philosophicus» von 1921 und Martin Heideggers «Sein und Zeit» von 1927. Theologische Parallelen des «Römerbriefes» sind «Das Heilige» von Rudolf Otto (1917) und «Vom Geist der Liturgie» von Romano Guardini (1918). Kurz zu den beiden zuletzt genannten Büchern:

«Das Heilige» war ein Schlüsselwerk für die Theologiegeschichte des 20. Jahrhunderts, weil Rudolf Otto darin gegen ein verbürgerlichtes und banalisiertes Religionsverständnis anging. Gott ist das «ganz Andere»[116], das «Mysterium tremendum ac fascinans»[117], das heisst: Geheimnis, welches zugleich erschreckt und anzieht.

Ähnlich verhält es sich mit Romano Guardinis «Vom Geist der Liturgie», dem katholischen Gegenstück zu Barths «Römerbrief». Auch der katholische Denker wandte sich gegen ein Religionsverständnis, in dem christlicher Glaube und bürgerliche Moral miteinander verwechselt werden. Die Kirche ist nicht dazu da, den reibungslosen Ablauf der Gesellschaft und des Staates zu garantieren. Es ist unsachgemäss, wenn man nach dem «Nutzen» des christlichen Glaubens fragt. Es geht nicht um die Befriedigung persönlicher religiöser Bedürfnisse, wenn man in die Kirche geht. Die Liturgie hatte für Romano Guardini «keinen ‹Zweck›». Sie ist «kein Mittel, das angewandt wird, um eine bestimmte Wirkung zu erreichen», sondern sie ist – «bis zu einem gewissen Grade mindestens – Selbstzweck. Sie ist nicht Durchgang zu einem ausserhalb liegenden Ziel, sondern eine in sich ruhende Welt des Lebens.» «Genau genommen kann die Liturgie schon deshalb keinen ‹Zweck› haben, weil sie ja eigentlich gar nicht um des Menschen, sondern um Gottes willen da ist.»[118]

Und entsprechend nun Karl Barth: In seinen beiden Römerbriefkommentaren finden sich in zahlreichen Wiederholungen die Wendungen: Gott ist «*der* ganz Andere» (dies im Unterschied zu «*das* ganz Andere» bei Rudolf Otto), der in seiner Ehrfurcht gebietenden Heiligkeit einen Kontrapunkt setzt gegenüber dem oft verharmlosten Gott des 19. Jahrhunderts; die Offenbarung geschieht «senkrecht von oben»; unser Glaube ist nur ein «Einschlagtrichter», ein «Hohlraum».

Gott [ist] die reine Grenze und der reine Anfang alles dessen, was wir sind, haben und tun, in unendlichem qualitativem Unterschied dem Menschen und allem Menschlichen gegenüberstehend, nie und nimmer identisch mit dem, was wir Gott nennen, als Gott erleben, ahnen und anbeten, das unbedingte Halt! gegenüber aller menschlichen Unruhe und das unbedingte Vorwärts! gegenüber aller menschlichen Ruhe [...].[119]

Oder wie Barth noch nach dem Zweiten Weltkrieg formulierte: Gott sei «nicht zu verstehen als eine Fortsetzung und Bereicherung der Begriffe und Ideen, die sich das religiöse Denken im allgemeinen von Gott zu machen pflegt»[120]. Diese entschiedenen und tiefernsten Töne beeinflussten weite Strecken der Theologiegeschichte im 20. Jahrhundert.

In seinen Römerbriefkommentaren sprach Karl Barth zugleich über seine politische Grundhaltung. Es ist deshalb wichtig, dass man die beiden Bücher auch unter dem Aspekt der politischen Ethik wahrnimmt. Im Römerbrief findet sich eine der wenigen Bibelstellen im Neuen Testament, die eindeutig politischer Natur sind, Römer 13, 1–7, in der klassischen Fassung der Lutherbibel von 1912:

Jedermann sei untertan der Obrigkeit, die Gewalt über ihn hat. Denn es ist keine Obrigkeit ohne von Gott; wo aber Obrigkeit ist, die ist von Gott verordnet. Wer sich nun der Obrigkeit widersetzt, der widerstrebt Gottes Ordnung [...]. [...] Denn sie ist Gottes Dienerin [...].

Es ist dies ein Text, der vor allem im Luthertum viel beachtet und stark gewichtet wurde – schon bei Luther selbst. Man lese in Luthers Kleinem Katechismus, den in Deutschland während Generationen jedes protestantische Kind auswendig lernen musste, wie der Wittenberger Reformator das vierte Gebot auslegte:

Du sollst deinen Vater und deine Mutter ehren. Was ist das? Antwort: Wir sollen Gott fürchten und lieben, dass wir unsere Eltern und Herren nicht verachten noch erzürnen, sondern sie in Ehren halten, ihnen dienen, gehorchen, sie lieb und wert haben.[121]

Luther sprach hier also – anders als die Bibel selbst – nicht nur von den Eltern, sondern auch von den Herren. Die Wörter «dienen» und «gehorchen» wurden ebenfalls von ihm ergänzt.

Es ist bekannt, dass die Verschwörer des missglückten Attentats auf Adolf Hitler vom 20. Juli 1944 sich mit der Frage auseinandersetzen mussten: War es jemandem, der sich als Christ verstand, erlaubt, mit Waffengewalt gegen eine tyrannische Regierung vorzugehen? Einflussreiche lutherische Theologen in der ersten Hälfte des 20. Jahrhunderts gingen auf dem Hintergrund von Römer 13 und Luthers Katechismus noch weiter und standen nicht nur *revolutionären* Bewegungen, sondern auch der Staatsform der *Demokratie* mit grossen Vorbehalten gegenüber – oder sogar mit Ablehnung. Der bedeutende Lutherforscher Paul Althaus (1888-1966 – einer der grossen Gegner Karl Barths in der Auseinandersetzung um den Nationalsozialismus und *grundsätzlich theologisch* auch noch in den Auseinandersetzungen nach dem Krieg) bezeichnete 1925, also zur Zeit der Weimarer Republik, die Staatsform der Demokratie wörtlich als ein «Unglück». Man dürfe die soziale Lage nicht einfach dem «dynamischen Ausgleich miteinander ringender Stände und Mächte» überlassen. D. h., die Mehrheit darf *nicht* entscheiden. «Es bedarf eines für das Ganze des Volkes verantwortlichen Willens, *jenseits* des Spiels der Interessen und Gewalten.» Althaus sprach von der «ethische[n] Notwendigkeit fürstlichen Dienstes am Volk und fürstlicher Entscheidung»[122]. In seinem «Grundriss der Ethik» von 1928 behauptete Althaus: Aus christlicher Perspektive müsse man an eine Regierung den Anspruch stellen, dass sie «den Mut habe, Autorität und Macht zu sein». Die Verfassungsform dürfe «*ein vom Mehrheitswillen freies, allein Gott verantwortliches, der Autorität fähiges Führertum*» nicht ausschliessen oder lähmen, sondern müsse «ihm Raum geben»[123]. In den 30er Jahren sagte Althaus kritisch-ablehnend gegen Barth, dieser fordere eben den «liberalen Rechtsstaat»[124] und passe aus diesem Grund nicht ins durch das Luthertum geprägte Deutschland.

Althaus trauerte offensichtlich dem 1918 untergegangenen deutschen Kaiserreich nach. Für die Weimarer Republik fand er keine guten Worte – nach 1933 dann aber für Adolf Hitler! 1934 war er Mitverfasser und Mitunterzeichner des sogenannten Ansbacher Ratschlags, des Manifestes einiger lutherischer Theologen, die Gott für das Geschenk des «Führers» (gemeint ist Adolf Hitler) dankten, den sie als «frommen und getreuen Oberherrn» titulierten. Gott wolle – so das gleiche Manifest – dem deutschen Volk «in der nationalsozialistischen Staatsordnung ‹gut Regiment›, ein Regiment mit ‹Zucht und Ehre› bereiten»[125].

Doch zurück zu Barth und der Paulusstelle «Jedermann sei untertan der Obrigkeit»! Es ist instruktiv, wie Barth mit dieser Stelle umgeht. Er akzeptiert den Satz, gibt ihm aber eine neue Färbung. Nicht: Seid *untertan der Obrigkeit!* Sondern: Meinetwegen, weil es eben anders nicht möglich ist, *unterzieht euch den obrigkeitlichen Gewalten!* (Barth übersetzt also etwas anders als die Lutherbibel.) Barth hatte grosse Bedenken gegen eine religiöse Überhöhung des Politischen, moderner formuliert gegen dessen Ideologisierung. Eine Überhöhung des Politischen sah er im deutschen (und überhaupt in jedem) Nationalismus, wie er im Ersten Weltkrieg einen schrecklichen Höhepunkt erlebte. Ebenfalls eine Überhöhung war für ihn aber auch eine revolutionäre Haltung. (Zur Zeit, als er seinen Römerbriefkommentar schrieb, ereignete sich die Russische Revolution.) Besonders allergisch reagierte er, wenn jemand ein politisches Urteil unmittelbar theologisch formulierte und so der Diskussion zu entziehen versuchte. Aus heutiger Sicht zu Unrecht zielte Barth mit seinen Überlegungen damals vor allem auf Leonhard Ragaz, den er als «Mandatar des Weltrichters» und «Mann im Prophetenmantel» angriff[126]. Gemäss dem derzeitigen Stand der Ragazforschung ist der «mitunter geäusserte Vorwurf, dass Ragaz das Reich Gottes als immanente Grösse verstehe und mit dem Sozialismus identifiziere», zurückzuweisen[127].

Einige charakteristische Formulierungen zuerst aus der zweiten Auflage des Römerbriefkommentars: Weil ein Christ um das «Letzte» wisse, jenseits des «Vorletzten» und damit auch jenseits des Politischen, könne er «sachlich» werden. Er verliere «alles Pathos, alle Hemmungslosigkeit und Ungebrochenheit.» Ein Christ ist nach Barth «nicht mehr ein zürnender Gott im Kampf mit andern Göttern. Er wird sachlich.» Er ist «befreit von jenem Krampf, der den prometheischen Streit gegen (oder für!) das Bestehende unvermeidlich begleitet.» Barth wandte sich nicht nur gegen die politisch Konservativen, sondern auch gegen die politisch Revolutionären – und auch gegen die in einem *ideologischen* Sinn Religiössozialen. (Leonhard Ragaz persönlich dürfte also von diesem Urteil nicht betroffen sein.) Ihnen *allen* warf Barth vor, dass sie ihre politische Position absolut setzen, ihren eigenen Standpunkt mit demjenigen Gottes identifizieren und verwechseln. Es ging Barth um die «Umkehr von aller Romantik zur Sachlichkeit»[128]. Mit den Wörtern «sachlich» und «Sachlichkeit» klingt eine für seine politische Ethik überaus kennzeichnende Melodie an.

In der ersten Auflage seines Römerbriefkommentars bezeichnete er den «Machtstaat der Gegenwart [...] als an sich böse» und den «Absichten Gottes diametral entgegengesetzt»[129]. «*Alle* Politik» als «Kampf um die Macht, als die teuflische Kunst der Majorisierung,» verurteilte Barth als «*grund*schmutzig.»[130] Barth erwies sich hier als Leser der «Weltgeschichtlichen Betrachtungen» Jacob Burckhardts, in denen der Satz «Macht ist an sich böse» an mehreren Stellen vorkommt[131]. Barth folgerte aus dieser Einsicht, dass der Christ «mit dem Gewaltstaat nichts zu schaffen» habe[132], dass ein Christ nie mit seinem «Herzblut, mit wirklichem Pathos Untertan, Bürger, Angehörige[r] einer Nation oder Partei sein» könne[133]. Barth vertrat die These, dass der Staat «religiös ausgehungert» werden müsse[134]. Eine charakteristische Stelle lautet (Barth legte diese Sätze dem Apostel Paulus in den Mund, der mit dem «Ich» gemeint ist):

Dass ihr als Christen mit Monarchie, Kapitalismus, Militarismus, Patriotismus und Freisinn nichts zu tun habt, ist [...] selbstverständlich [...]. Viel näher liegt euch natürlich die andere Möglichkeit, die im Christus kommende Revolution

willkürlich vorauszunehmen und dadurch hintanzuhalten.
Und davor *warne ich euch! Die Sache der göttlichen Erneu-*
erung darf nicht vermengt werden mit der Sache des mensch-
lichen Fortschritts. Das Göttliche darf nicht politisiert
und das Menschliche nicht theologisiert werden, *auch*
nicht zugunsten der Demokratie und Sozialdemokratie.[135]

Barth grenzte sich hier also vor allem von mit der politischen Linken sympathisierenden Vertreterinnen und
Vertretern des Christentums ab; eine Sympathie mit der
politischen Rechten kommt nach seinem Verständnis für
Angehörige des Christentums ohnehin nicht in Frage.
Menschen, die Jesus nachfolgen möchten, sind oft von
sozialrevolutionären Bewegungen besonders fasziniert,
da diese eine grössere soziale Gerechtigkeit anstreben.
Deshalb – so interpretiert Barth den Apostel Paulus – soll
man sich als Christ oder Christin «den obrigkeitlichen
Gewalten persönlich unterziehen»[136]. Wer sich als Revo-
lutionär gegen den Staat aufbäumt, bejaht und verjüngt
ihn damit unbeabsichtigterweise. Statt dass er ihn religiös aushungert (der Ausdruck wurde bereits zitiert),
nimmt er ihn zu ernst und erweist ihm damit eine zu
grosse Ehre. Es ist eine *ideologiefreie Politik*, welche Barth
anstrebt. Man soll seine «Bürger- und Parteipflicht» erfüllen – «gelassenen Sinnes und gänzlich illusionslos»[137].

Karl Barth wäre falsch verstanden, wenn man einen
Aufruf zu politischer Abstinenz aus seinen Ausführun-
gen heraushören würde. Manchmal wurde er vor allem
im Deutschland der 20er Jahre so missverstanden, was
in erster Linie damit zusammenhing, dass seine Vergangenheit in der Schweiz als der «rote Pfarrer von
Safenwil» in seinem neuen Wirkungskreis nicht bekannt
war. Für Barth stand eindeutig fest, dass es Angehörigen der christlichen Gemeinde nicht ansteht, die Zu-
sammenarbeit mit dem Staat zu verweigern, in welchem
sie doch leben. Genau im Sinne der politischen Zusam-

men- und Mitarbeit verstand er den von ihm (etwas anders als in der Lutherbibel) übersetzten Satz: «Jedermann unterziehe sich persönlich den obrigkeitlichen Gewalten.»[138] Wie er es sah, gibt es «eine wohlverstandene und bestimmt umschränkte *Pflicht* zur Teilnahme am Leben des Staates». Eindeutiger konnte er sich nicht ausdrücken. Und doch fügte er hinzu, dass man dem Staat «das Pathos, den Ernst und die Wichtigkeit des Göttlichen verweigern» müsse. Man solle das Herz nicht bei der Politik haben. Die Seelen der Angehörigen der christlichen Gemeinde sind und bleiben für Barth «den Idealen des Staates entfremdet».[139]

Um diese Sätze zu verstehen, muss man an die euphorischen Massenaufmärsche unter Mussolini, Hitler – aber auch in den kommunistischen Ländern – denken, wo buchstäblich von der Bürgerschaft die «Seele» für den Staat gefordert wurde. Karl Barth fuhr nun aber fort und kehrte damit zum Gedanken zurück, in dem es um die «wohlverstandene und bestimmt umschränkte» christliche «*Pflicht* zur Teilnahme am Leben des Staates» geht:

[...] aber eure moralische Mitwirkung dürft ihr [dem Staat] nicht versagen. – Der Staat ist nun einmal in Ermangelung eines Besseren die pflicht- und schuldigkeitsmässige, die ‹ethische› Ordnung des Lebens. [...] Sofern der alte Mensch, die alte Menschheit noch lebt, seid ihr auch noch unter dem Gesetz, müsst ihr euch auch noch ethisch orientieren, müsst ihr also auch noch politische Menschen sein.[140]

Es ist unendlich selbstverständlich, dass das politische Parteiwesen nicht gerade zu dem gehört, ‹was wahrhaftig ist, was ehrbar, was gerecht, was keusch, was lieblich, was wohllautet› (Phil. 4,8), und dass Flammenwerfer, Minenhunde, Gasmasken, Fliegerbomben und Unterseeboote nicht eben Gerätschaften des Himmelreichs sind. Aber gerade weil wir zum Staat kein positives Verhältnis einnehmen, gerade weil er uns, mit Allem, was drum und dran ist, das problemati-

sche Gebilde einer vergehenden Welt ist, gerade darum kön-
nen wir all das Merkwürdige, das er auch von uns *verlangt,*
nicht so ernst nehmen, um uns in einen Streit darüber *mit*
ihm zu verwickeln. Wir bekämpfen ihn grundsätzlich, radikal
und – bezahlen *die Steuern,* geben *dem Kaiser, was des*
Kaisers ist, gehen *in die Partei,* erfüllen *die Funktionen, die*
uns innerhalb des noch nicht gesprengten Rahmens des
politischen – und leider auch etwa des kirchenpolitischen *–*
Wesens pflichtgemäss zufallen. Wir anerkennen ohne Zau-
dern noch Reserve, dass der Staat in seiner *Sphäre das* Recht
hat, es von uns zu verlangen.[141]

Noch haben *wir [...] die politischen Pflichten. [...] So aner-*
kennen wir [die ‹Herrschenden›] denn ohne Zimperlichkeit
und Wehleidigkeit [...]. Geben ihnen alles, was sie auf Grund
der allgemeinen Lage zwischen Gott und Mensch und Welt
jetzt noch von uns verlangen können. [...] Sang- und klang-
und illusionslose Pflichterfüllung, aber keine Kompromittie-
rung Gottes! Zahlung des Obolus, aber keinen Weihrauch
den Cäsaren! Staatsbürgerliche Initiative und staatsbürgerli-
chen Gehorsam, aber keine Kombinationen von Thron und
Altar, *kein* christlicher Patriotismus, *keine* demokratische
Kreuzzugsstimmung. Streik und Generalstreik und Strassen-
kampf, wenn's sein muss, aber keine *religiöse Rechtfertigung*
und Verherrlichung dazu! Militärdienst als Soldat oder
Offizier, wenn's sein muss, aber unter keinen Umständen *als*
Feldprediger![142]

Im Zusammenhang mit dieser letzten Wendung müsste
man nachlesen, welche schrecklichen Predigten deutsche und französische Feldprediger im Ersten Weltkrieg
im Sinne einer Rechtfertigung des Krieges hielten[143].
Die Fortsetzung im Römerbriefkommentar lautet:

Sozialdemokratisch, aber nicht religiös-sozial! *Der Verrat am*
Evangelium gehört nicht zu den politischen Pflichten. [...]
Und alle jene vorläufigen Bejahungen nicht aus Hochach-
tung vor den ‹Herrschenden› und ihrer Sache, sondern aus

Ehrfurcht vor Gott, dessen Willen wir folgen *und nicht hochmütig vorauseilen möchten.*[144]

Es öffnet sich hier also ein weites Feld für die Politik – für eine *unideologische, streng an der Sache selbst orientierte Politik.* Gemäss der zweiten Auflage des Römerbrief-kommentars wird Politik auch für Angehörige der christlichen Gemeinde *möglich,* «wo der wesentliche Spielcharakter dieser Sache am Tage ist», von dem «Augenblick an, wo der absolute Ton aus den Thesen wie aus den Gegenthesen verschwindet, um einem vielleicht relativ gemässigten, vielleicht relativ radikalen Absehen auf menschliche Möglichkeiten Platz zu machen.» «An die Stelle des revolutionären Krampfes» tritt in diesem Fall «ein ruhiges Bedenken von ‹Recht› und ‹Unrecht›» – ruhig, «weil *letzte* Behauptungen und Anklagen dabei nicht mehr in Frage kommen, ein besonnenes Rechnen mit der ‹Wirklichkeit›, das die Hybris des Kriegs der Guten mit den Bösen hinter sich hat». Es ist «*eine ehrliche Humanität und Weltlichkeit*»[145], für die sich Barth als politischer Ethiker stark macht.

Es geht also um eine Politik, in der die verschiedenen Parteien sachlich und fair miteinander ringen – im Bewusstsein, dass es nie eine vollkommene Lösung, sondern höchstens eine im besten Fall zweitbeste Lösungsvariante gibt. *Politik ist die Kunst der «menschliche[n] Möglichkeiten», des menschlich Möglichen,* die Kunst der zwar unvollkommenen, aber nicht aufoktroyierten Verhandlungslösungen. Wie bereits in der Einleitung ausgeführt: Auf Grund dieser theologischen Voraussetzungen war es eindeutig, dass Karl Barth für die Staatsform der Demokratie eintreten musste, ohne diese aber zu idealisieren. In den späten 20er und in den 30er Jahren konnte er deshalb von Anfang an keine Sympathien für nationalsozialistische und überhaupt autoritäre Tendenzen haben. Wer den Staat «religiös aushungern» wollte, konnte sich nicht von einer totalitären Ideologie faszinieren lassen. Als Adolf Hitler die Macht ergriff, *musste* ein Theologe wie Karl Barth widerstehen.

6

DER NATIONALSOZIALISMUS IN DEUTSCHLAND

Als Hitler am 30. Januar 1933 Reichskanzler wurde, vermochte in den ersten Tagen auch Karl Barth die volle Tragweite des Umbruchs noch nicht zu erkennen. Seiner Mutter schrieb er am 1. Februar – also nur zwei Tage nach Hitlers Machtergreifung, dass seine Familie von einer Grippewelle betroffen worden sei. Gleichzeitig sei Hitler an die Macht gekommen. Er glaube allerdings nicht, «dass dies in irgendeiner Richtung den Anbruch grosser Neuigkeiten bedeuten» werde. Deutschland sei «nach innen und aussen ein viel zu schwer beweglicher Körper als dass sich durch solche Bewegungen in der Fassade etwas ändern könnte.» Die neuen Machthaber hätten zu wenig persönliches Format. Und im deutschen Volk sei nicht genug von jenem «Lebensmut vorhanden, den es sowohl zur Durchführung eines Mussolini-Regimentes wie zu der einer Gegenrevolution» brauche[146].

Karl Barth konnte sich also zu diesem Zeitpunkt das Dritte Reich noch nicht so vorstellen, wie es sich dann in atemberaubender Schnelligkeit als eine beängstigende Realität erwies. Bereits nach wenigen Wochen wurden elementare Grundrechte ausser Kraft gesetzt. Die Briefstelle wäre aber falsch verstanden, wenn man daraus herauslesen wollte, dass Karl Barth auch nur einen Funken Sympathie für Adolf Hitler gehabt hätte. Er unterschätzte nur dessen Möglichkeiten. Hitlers Person und ihre unheilvolle Ideologie durchschaute Barth ganz von Anfang an. Bereits im Jahr 1925 – also lange vor Hitlers Machtergreifung – sprach er sich «gegen den ‹faschistisch-völkischen Nationalismus› und seinen ‹Antisemitismus›» aus[147]. 1928 wurde von Barth erzählt, dass er sich gegen den Antisemitismus «mit jedem, ‹selbst mit Teufels Grossmutter verbünde[t]›» hätte[148]. Gerade der offenkundige Antisemitismus Hitlers machte es ihm unmöglich, auch nur einen Augenblick mit dem Nationalsozialismus zu sympathisieren. In seiner Ethikvorlesung führte er ebenfalls bereits 1928 aus, dass man den modernen Staat (gemeint ist der demokratische Staat) «nicht schwerer gefährden» könne, als wenn man «eines der in ihm vereinigten und aufgegangenen Volkstümer gegen das andere oder die anderen» mobilisiere[149]. Barth hielt nichts von einem «Herrenvolk», das andere unterdrückt, und dies mitten in Europa.

Als Schweizer hielt er sich politisch zwar in den ersten Monaten der Hitlerherrschaft nach aussen einigermassen zurück. Immerhin schickte er im Sommer 1933 ein Exemplar seiner Schrift «Theologische Existenz heute!» an Hitler persönlich. Mit beissender Ironie heisst es darin auf dem Hintergrund der nationalistischen Massenbegeisterung, in der Hunderttausende mit Fahnen und Fackeln durch die Strassen der Städte zogen, dass «der Horengesang der Benediktiner [in] Maria Laach auch im Dritten Reich zweifellos ohne Unterbruch und Ablenkung ordnungsgemäss weitergegangen» sei[150], was Hitler – wenn er die Schrift überhaupt gelesen hat – wohl zutiefst gekränkt hat. Im Juli 1934 (also ein Jahr später) wurde das Heft «Theologische Existenz heute!» von der Polizei beschlagnahmt.

Aus Privatbriefen geht hervor, dass Barth schockiert war über die «Fülle der ausgebrochenen ‹Brutalitäten, Kindereien und Geistlosigkeiten, deren Geschehen wir [so Barth in einem Brief vom 29. April 1933] doch wirklich ohne Unterschied der Parteibrille jeden Tag jetzt konstatieren müssen›. Er hatte dabei neben dem, ‹was den deutschen Juden jetzt widerfährt› [so in einem Brief am 21. April 1933], auch ‹die eingesperrten Kommunisten› und ‹unterdrückten Sozialdemokraten› vor Augen»[151].

Oben wurde berichtet, dass Barth im Jahr 1915 offiziell der sozialdemokratischen Partei der Schweiz beitrat – wenn auch mit einer gewissen inneren Distanz. Am 1. Mai 1931 tat er denselben Schritt in Deutschland. Auch hier stellte er sich bewusst in die Reihen der Sozialdemokraten, die sowohl von der extremen Linken als auch von der extremen Rechten angegriffen wurden. «Er verstand diesen Schritt nicht als ‹Bekenntnis zur Idee und Weltanschauung des Sozialismus›, aber als ‹eine praktische politische Entscheidung›, mit der er sich zu derjenigen Partei bekannte, bei der er jetzt die ‹Erfordernisse einer gesunden Politik› am besten wahrgenommen fand.»[152]

Im Frühling 1933 (kurz nach Hitlers Machtergreifung) wurde Barth vom Kultusminister offiziell aufgefordert, aus der sozialdemokratischen Partei wieder auszutreten, sonst könne er nicht Universitätsprofessor bleiben. In einem Brief an seinen höchsten Vorgesetzten antwortete er, dass «die Aufforderung zum Austritt aus der SPD» als «Bedingung für die Fortsetzung [s]einer Lehrtätigkeit» für ihn nicht in Frage komme. Von einer «Unterlassung» der «offenen Kenntlichmachung» seiner Parteizugehörigkeit könne er weder «für die Kirche» noch «für das deutsche Volk» etwas Gutes erwarten[153].

Karl Barth kämpfte also mit offenem Visier. In seiner Eigenschaft als Theologe betätigte er sich aber in erster Linie im Raum der Kirche. Und hier gab es genug zu tun, da es zahlreiche Theologieprofessoren und Pfarrer gab, die sich dem neuen Regime nicht widersetzten oder es sogar begrüssten. Wenn sich Barth im Dezember 1933 dahin äusserte, er widerstehe «nicht der nationalsozialistischen Staats- und Gesellschaftsordnung», sondern «einer heute beim Nationalsozialismus ihre Zuflucht suchenden Theologie»[154], wäre der Satz falsch verstanden, wenn man daraus politischen Eskapismus herauslesen würde. Als in Deutschland lebender Schweizer sah Barth sich aber nicht dazu berufen – und er hatte auch keine reale Möglichkeit dazu, *unmittelbar* das politische Parkett zu betreten. Seine Lebensaufgabe lag im *kirchlich-theologischen* Bereich, wo er sie auch lebhaft wahrnahm.

Angesichts des Nationalsozialismus formierten sich innerhalb des deutschen Protestantismus verschiedene Gruppen:

Zum Glück gab es einige – leider nur wenige – *Theologen, die den Nationalsozialismus von Anfang an eindeutig und offen ablehnten* und das auch zum Ausdruck brachten. Genannt sei hier nur der Theologe und Religionsphilosoph Paul Tillich, wie Karl Barth ein Mitglied der sozialdemokratischen Partei. Seine aufrichtige Persönlichkeit lässt sich mit einer Anekdote beleuchten: In einem Ferienort betrat Tillich in den frühen 30er Jahren ein Restaurant, «gerade noch auf einen Nachttrunk». Andere Gäste, die etwas angeheitert waren, fragten ihn: «Herr Professor, können Sie uns sagen, ob es auf der Welt überhaupt noch Christen gibt?» Tillich antwortete mit lauter, in der ganzen Gaststätte hörbarer Stimme: «Nein, keinen einzigen. Die einzigen Christen auf der Welt sind heute Juden!»[155] Angesichts des damals herrschenden Antisemitismus war eine solche Äusserung gefährlich. Tillich wurde folgerichtig bereits im Frühling 1933 als Universitätsprofessor in Frankfurt abgesetzt und musste nach Amerika emigrieren. Innerhalb eines einzigen Jahres wurden damals in Deutschland «313 ordentliche Professoren, 300 ausserordentliche Professoren und 322 Privatdozenten – insgesamt 1684 Wissenschaftler – [aus politischen oder rassischen Gründen] aus dem Universitätsbetrieb entlassen.»[156] Auch der mit Karl Barth befreundete Neutestamentler Karl Ludwig Schmidt, ebenfalls Mitglied der sozialdemokratischen Partei, verlor bereits 1933 seine Professur in Bonn und wurde zur Emigration in die Schweiz gezwungen[157].

Auf der andern Seite des Spektrums befinden sich die *sogenannten «Deutschen Christen»* und deren Sympathisanten, die den Nationalsozialismus begrüssten und der Meinung waren, dass er sich mit dem evangelischen Glauben zusammendenken lasse. Da die Beurteilung dieser Gruppe aus heutiger Sicht eindeutig ist, soll sie nicht ausführlich behandelt werden. Nur ein Beispiel: «Christus ist zu uns gekommen durch Adolf Hitler», rief ein Thüringer Kirchenrat auf einer Kundgebung der «Deutschen Christen» am 30. August 1933 in Saalfeld aus[157].

Im Zusammenhang mit Karl Barth viel wichtiger ist das *breite Mittelfeld*, Theologen und Kirchenmänner (fast immer Männer und nur sehr selten Frauen, da das Pfarramt damals für Frauen noch nicht zugänglich war[158]), die keine Nationalsozialisten waren. Subjektiv mit der besten Absicht wollten sie jedoch differenzieren: *Gewisse Erscheinungen* des Nationalsozialismus waren ihnen zu vulgär, teilweise auch zu brutal. Sie wehrten sich vor allem gegen staatliche Übergriffe auf die evangelische Kirche.

Besonders erwähnenswert ist der von Martin Niemöller begründete «Pfarrernotbund». Wer sich diesem anschliessen wollte, musste die folgende Selbstverpflichtung unterschreiben:

Ich verpflichte mich, mein Amt als Diener des Worts auszurichten allein in der Bindung an die Heilige Schrift und an die Bekenntnisse der Reformation als die rechte Auslegung der Heiligen Schrift. Ich verpflichte mich, gegen alle Verletzung solchen Bekenntnisstandes mit rücksichtslosem Einsatz zu protestieren. Ich weiss mich nach bestem Vermögen mit verantwortlich für die, die um solchen Bekenntnisstandes willen verfolgt werden. In solcher Verpflichtung bezeuge ich, dass eine Verletzung des Bekenntnisstandes mit der Anwendung des Arierparagraphen im Rahmen der Kirche geschaffen ist.[159]

Wer unterschrieb, setzte sich also für die Pfarrer mit jüdischen Vorfahren ein, die von ihrem Amt ausgeschlossen

werden sollten (und es dann auch wurden). Den 22 Erst-
unterzeichnern folgten in den ersten zwei Wochen (Ende September und Anfang Oktober 1933) 2000 weitere
Pfarrer. Bis Januar 1934 war der Pfarrernotbund auf
über 7000 Mitglieder angewachsen. Es waren dies 37 Pro-
zent aller amtierenden evangelischen Pfarrer in Deutschland.

Diese Kreise versuchten im Nationalsozialismus aber
auch positive Elemente wahrzunehmen: Das Selbstbe-
wusstsein des von Weltkrieg und Weltwirtschaftskrise
arg gebeutelten deutschen Volkes werde doch gestärkt.
Viele Menschen seien plötzlich dazu bereit, ihre persönlichen Interessen zu Gunsten des Gemeinwohls zurück-
zustellen. Der Theologe Heinrich Vogel etwa – Un-
terzeichner der eben zitierten Selbstverpflichtung und
später ein überaus «orthodoxer» Barthianer – bekannte
im Herbst 1933, dass der Schöpfer die Welt «in seinen
Ordnungen, als da sind: Rasse und Volk» erhalte. «Weil
Gott uns in unserem Volk unser Leben gibt und erhält,
sind wir unserm Volk das Leben schuldig.»[160] «Rasse
und Volk» waren für Heinrich Vogel damals also noch
eine «Schöpfungsordnung» und aus diesem Grund
unantastbar. Als Deutscher müsse man bereit sein, sein
Blut für Deutschland zu vergiessen – unabhängig von
den politischen Zielen der jeweils herrschenden Regierung.

Als Adolf Hitler am 12. November 1933 bei Erneue-
rungswahlen einen triumphalen Sieg davontrug, nachdem er wenige Tage zuvor den Austritt des deutschen
Reiches aus dem Völkerbund bekanntgegeben hatte,
richtete das Leitungsgremium des Pfarrernotbundes das
folgende Telegramm an Hitler:

*In dieser für Volk und Vaterland entscheidenden Stunde
grüssen wir unseren Führer. Wir danken für die mannhafte
Tat und das klare Wort, die Deutschlands Ehre wahren. Im
Namen von mehr als 2500 evangelischen Pfarrern, die der*

Glaubensbewegung Deutsche Christen nicht angehören, geloben wir treue Gefolgschaft und fürbittendes Gedenken.»[161]

Auch Martin Niemöller, der später für sieben Jahre ins Konzentrationslager kam, hatte dieses Telegramm unterschrieben. In seinen Predigten in den Jahren 1933 und 1934 finden sich Formulierungen, wie z. B., dass Gott der Herr heute «mit unserem deutschen Volk neue Wege» beschreite. Er lasse es «zurückkehren zu den Bindungen, die uns nun einmal gesetzt sind und die wir nicht abwerfen können, ohne selbst dabei zugrunde zu gehen». Rasse und Volkstum gälten «heute wieder als Gegebenheiten»; sie stellten «Forderungen an uns», und wir könnten «uns ihnen nicht entziehen».

Ja ‹jauchzet Gott alle Lande!› – denn es wogt ‹um uns in Volk und Land das nationale Erwachen›, das davon Kunde gibt, ‹dass wir noch ein junges Volk sind [...]. [...] gottlob, ‹wir›, die Christen, haben ‹unser Volk lieb als unsere Mutter› und haben auch eine ‹Regierung, welche die Schicksalsverbundenheit von Volkstum und Christentum bejaht und schützt›, was ‹unerlässliche Voraussetzung› für ‹äusseren Aufstieg und innere Gesundung› des Volkes ist.[162]

Um die groteske Absurdität derartiger Verlautbarungen zu erkennen, gilt es zu beachten, dass das Dritte Reich «vom ersten Tag seines Bestehens an ein terroristisches System»[163] war. Eine deutsche Studie über die nationalsozialistische Machtergreifung «rechnet bis zum Herbst 1933 mit 500–600 Toten und [mit] rund 100 000 kürzere oder längere Zeit Inhaftierten. Allein in Preussen lag die Zahl der in den Monaten März/April [1933] von der Polizei in Schutzhaft genommenen Personen ‹mindestens bei 25 000›, ohne die ‹wilden› Verhaftungen der SA.» Vertreter des nationalsozialistischen Regimes hatten die Einrichtung von Konzentrationslagern bereits im März 1933 öffentlich angekündigt. «Zeitungen und sogar Illustrierte berichteten» unter anderem über Dachau[164].

Die das Regime unterstützenden Sätze des Pfarrernotbundes allgemein und Martin Niemöllers im besonderen
seien nicht zitiert, um nachträglich aus der bequemen
Warte des Nachgeborenen Steine auf diese Männer zu
werfen. Und doch muss man über ihre Blindheit staunen.
Sie wehrten sich zwar für die wenigen Pfarrer mit «nicht-
arischer» Abstammung. Aber – und damit zu Karl Barth
– der aus der Schweiz stammende Theologieprofessor in
Bonn stand sehr allein mit der Einsicht, dass es nicht genug sei, sich für rein kirchliche Anliegen zu verwenden.

Für Barth war es schwer verständlich und schmerz-
lich, wenn sein früherer Freund und Weggefährte Georg
Merz (der 1919 der erste war, der Barths Römerbriefkommentar in Deutschland anpries und verkaufte und
der 1922 die zweite Auflage des gleichen Buches in
einem deutschen Verlag herausgab) im Herbst 1933 die
These äusserte, dass der nationalsozialistische Staat
«durch volkspolitische Erwägungen» durchaus berech-
tigte Gründe habe, den Juden «den Eingang in das na-
türliche Volk zu versagen». Als lutherischer Christ könne
er dieses Gesetz bejahen. Der Staat verteidige sich damit
«gegen die verheerenden Auswirkungen des Aufklä-
rungsliberalismus». «Aber infolge des allgemeinen Prie-
stertums der Gläubigen, in das die Juden ‹durch die
Taufe› aufgenommen würden, dürfe die Kirche Judenchristen nicht vom kirchlichen Amt ausschliessen –
wenngleich diese sich davon und darin zurückhalten
müssten wegen ‹der schwierigen Lage, in die sie die
Kirche vor dem Volke [brächten]›»[165]. Für Karl Barth
war ein derartiger verschwommener Kompromiss un-
tragbar. *Innerhalb* der Kirche gegen den Arierparagraphen, *ausserhalb* Verständnis dafür? *Innerhalb* der
Kirche müssen «nichtarische» Pfarrer aus «volksmissiona-
rischen» Gründen sehr diskret und zurückhaltend sein,
auch wenn sie getaufte Gotteskinder sind?

Karl Barth schrieb in einem Brief vom 1. September
1933, gerade in der Judenfrage könne er «nicht den

kleinsten Schritt mittun mit dem Nationalsozialismus.» Wenn irgendwo, so meine er, müsse «man hier das Halt hören und die Grenze sehen, über die hinaus man eigentlich nur unter ‹Verrat› am Evangelium ... weitergehen» könne[166].

In seinem am Vorabend des Reformationstages 1933, also am 30. Oktober, in Berlin gehaltenen Vortrag «Reformation als Entscheidung» formulierte Barth mit äusserster Präzision, man könne «wohl etwas ganz Anderes tun als glauben», aber man könne «nicht glauben und im Glauben noch immer frei sein wollen, ein anderes Mal nicht zu glauben.»[167] «Zwischen der Entscheidung und der Nicht-Entscheidung kann nicht noch einmal vermittelt werden»[168]. Mit diesen Wendungen zielte Barth auf die ambivalente Haltung eben zum Beispiel des Pfarrernotbundes: *gegen* den Arierparagraphen in der Kirche und *für* den Arierparagraphen im Bereich des Staates.

In einer Aussprache mit Mitgliedern des Pfarrernotbundes, die einige Tage später stattfand, sagte Barth (es handelt sich um das Zitat, das ihm dann im Prozess, der seiner Vertreibung aus Deutschland voranging, am meisten vorgeworfen werden sollte):

Was ist geschehen diesen Sommer in Deutschland? Ist das mit Recht oder mit Unrecht geschehen? Diese Art Machtergreifung? Diese Beseitigung aller anderen Parteien? Diese Beschlagnahme von Vermögen? Was ist denn geschehen in den Konzentrationslagern? Was ist geschehen an den Juden? Kann Deutschland, kann die deutsche Kirche, diese Fülle von Selbstmorden verantworten? Ist die Kirche nicht mitschuldig daran, weil sie geschwiegen hat? Ich stelle nur Fragen. *Wer das Wort Gottes zu verkündigen hat, der muss zu solchen Vorgängen sagen, was das Wort Gottes sagt.*[169]

Wenn auch in Frageform, listete Barth hier die nationalsozialistischen Übergriffe und Verbrechen auf – und zwar ungeschminkt. Besonders die «Judenfrage» – und zwar die Frage *aller* Juden und nicht nur der Judenchristen – alarmierte Barth. Am 18. Januar 1934 schrieb er in einem Brief, es bedürfe keiner Worte, dass «die gegenwärtig in Deutschland versuchte Lösung der Judenfrage» menschlich, politisch und christlich eine «Unmöglichkeit» darstelle. Er sei «kein Prophet», aber er «fürchte, dass sich so etwas eines Tages an denen, die dafür direkt oder indirekt verantwortlich» seien, «noch schmerzlicher rächen» müsse «als an denen, die jetzt darunter» litten[170]. Die «evangelische Kirche müsste heute mit einem lauten Nein zu allem, was jetzt in der Arierfrage geschieht, und mit einem ebenso bestimmten Wort des Trostes und der Hoffnung für ihre in dieser Sache angefochtenen Glieder [...] auf dem Plan sein.»[171]

Einem Rabbiner gegenüber äusserte er am 23. Februar 1934, er könne «als Christ nur mit Scham und Entsetzen daran denken», was an Schrecklichem heute in Deutschland dem jüdischen Volk widerfahre[172]. Synagoge und Kirche müssten deshalb ganz neu auf das göttliche Wort hören. Einer «wegen jüdischer Verwandtschaft beunruhigte[n] Predigthörerin» schrieb er:

... *dass man im Glauben an* Christus, *der selbst ein Jude war ..., die Missachtung und Misshandlung der Juden, die heute an der Tagesordnung ist, einfach* nicht *mitmachen darf. Es wird wohl kein Zufall sein, dass diese Haltung gegen die Juden sich immer deutlicher mit dem Rückfall ins reine Heidentum verbindet. Man darf hier sicherlich nicht einmal in Gedanken oder auch aus Gedankenlosigkeit oder aus Furcht vor den Menschen und insbesonders vor denen, die heute mächtig sind, mittun und auch nicht aus Rücksicht auf irgendwelche äusseren Vorteile oder Nachteile. Nochmal: man darf nicht.*[173]

Auf diesem Hintergrund versteht es sich von selbst, dass Karl Barth mit seiner kompromisslosen Haltung

nicht Theologieprofessor in Deutschland bleiben konnte, wobei es nicht nötig ist, die unschönen Vorkommnis-
se in diesem Zusammenhang in den Einzelheiten zu
erzählen[174]. Aus dem Pfarrernotbund entwickelte sich
die Bekennende Kirche, d. h. eine evangelische Gruppierung, «die seit 1934 durch bekenntnismässige Organi-
sationsformen neben die von Deutschen Christen be-
herrschten Leitungsorgane auf Reichs-, Landes- und Ge-
meindeebene» trat. Neben der katholischen Kirche als
vom Staat grundsätzlich unterschiedener Organisation
war die Bekennende Kirche die «einzige grosse Institu-
tion, die sich der nationalsozialistischen Gleichschaltung entzog; in Teilen übte sie Widerstand gegen den
totalen Staat.»[175] Aber selbst Barths «Freunde» von der
Bekennenden Kirche fanden ihn zu unbequem und zu
wenig diplomatisch.

Diese Distanzierung der Bekennenden Kirche von
Barth war zunächst eigentlich überraschend, da es ja
ausgerechnet *Barth* gewesen war, der im Mai 1934 im
Auftrag der gleichen Bekennenden Kirche die «Theologische Erklärung von Barmen» entworfen hatte mit ihren
berühmten Formulierungen, die damals vielen halfen,
das «Richtige» vom «Falschen» zu unterscheiden:

*Wir verwerfen die falsche Lehre, als könne und müsse die
Kirche als Quelle ihrer Verkündigung ausser und neben
diesem einen Wort Gottes [Jesus Christus] auch noch andere
Ereignisse und Mächte, Gestalten und Wahrheiten als Gottes
Offenbarung anerkennen.*

*Wir verwerfen die falsche Lehre, als gebe es Bereiche unseres
Lebens, in denen wir nicht Jesus Christus, sondern anderen
Herren zu eigen wären [...].*[176]

Es ist dies eine Wiederaufnahme des Satzes von 1926:
«Es gibt keine Provinzen, von denen wir sagen können:
da hat Gott nichts zu schaffen – da braucht Gott nicht

dreinzureden.»[177] In der «Theologischen Erklärung» heisst es weiter:

Wir verwerfen die falsche Lehre, als dürfe die Kirche die Gestalt ihrer Botschaft und ihre Ordnung ihrem Belieben oder dem Wechsel der jeweils herrschenden weltanschaulichen und politischen Überzeugung überlassen.

Wir verwerfen die falsche Lehre, als solle und könne der Staat über seinen besonderen Auftrag hinaus die einzige und totale Ordnung menschlichen Lebens werden [...].

Barth wandte sich mit diesen Sätzen besonders auch gegen die der evangelischen Kirche von aussen aufgezwungene Einsetzung eines «Reichsbischofs» und überhaupt gegen den Totalitarismus. Als «besonderen Auftrag des Staates» bezeichnete die Barmer Erklärung, er habe «nach dem Mass menschlicher Einsicht und menschlichen Vermögens unter Androhung und Ausübung von Gewalt für Recht und Frieden zu sorgen»[178]. Gefordert wurde ein *Rechtsstaat*.

Am Anfang begrüsste die Bekennende Kirche Karl Barths theologische Unterstützung und war darüber sogar begeistert. 137 stimmberechtigte Abgeordnete aus 18 Landeskirchen stimmten am 31. Mai 1934 ohne Gegenstimme *für* die «Theologische Erklärung». (Nur *ein* lutherischer Abgeordneter war vor der Abstimmung nach Hause gereist, nicht weil er inhaltlich nicht einverstanden war, wohl aber weil er juristische Bedenken gegen eine *gemeinsam* von Lutheranern und Reformierten unterschriebene Erklärung hatte.) Nach der Abstimmung erhob sich «die ganze Gemeinde in der dichtgefüllten Kirche» spontan und stimmte die dritte Strophe des Kirchenliedes «Nun danket alle Gott» an: «Lob, Ehr und Preis sei Gott, dem Vater und dem Sohne [...].»[179] Bald behauptete jedoch August Marahrens, der Landesbischof der Evangelisch-lutherischen Landeskirche Hannovers, der 1934–36 der Bekennenden Kirche an der obersten Stelle vorstand, dass Karl Barth die «grösste Gefahr»[180] für die evangelische Kirche sei, weil er sich mit dem Nationalsozialismus zu direkt anlege. Und selbst im Jahr 1953 (also lange nach dem Krieg) äusserte sich ein anderer prominenter Vertreter der Bekennenden Kirche, der württembergische Landesbischof Theophil Wurm, in seinen Lebenserinnerungen in abfälligem Sinn über Karl Barth, dem er ein «totalitäres» Denken vorwarf[181].

Bischof Wurm hätte sich in diesem Zusammenhang nach dem Zweiten Weltkrieg besser grössere Zurückhaltung auferlegt! Denn noch *nach* der «Reichskristallnacht», als zwischen dem 9. und 10. November 1938 «bei angeblich spontanen Kundgebungen 91 Juden ermordet und fast alle Synagogen sowie mehr als 7000 in jüdischem Besitz befindliche Geschäfte im Gebiet des Deutschen Reichs zerstört oder schwer beschädigt wurden»[182], hatte er an Reichsjustizminister Gürtner geschrieben, er «bestreite mit keinem Wort dem Staat das Recht, das Judentum als ein gefährliches Element zu bekämpfen.» Er habe von Jugend an «das Urteil von Männern wie Heinrich von Treitschke [1834–1896, Historiker] und Adolf Stoecker [1835–1909, evangelischer Hof- und Domprediger in Berlin] über die zersetzende Wirkung des Judentums auf religiösem, sittlichem, literarischem, wirtschaftlichem und politischem Gebiet für zutreffend gehalten.»[183] Der Antisemitismus war lange vor 1933 eine tief in das kollektive Bewusstsein eingewobene Haltung in Deutschland (und im übrigen Europa). Bischof Wurm war offensichtlich von dieser verhängnisvollen Tradition nachhaltig beeinflusst.

Zurück zu Barth! Allein gelassen von den meisten seiner Freunde, vom Staat mit einem Redeverbot stumm gemacht und als Professor «in den Ruhestand versetzt», musste er Deutschland im Sommer 1935 verlassen. In seinem Abschiedsbrief vom 30. Juni 1935 an seinen Freund Hermann A. Hesse, einen reformierten deutschen

Theologen, der ihm sehr nahestand und der später selbst im Konzentrationslager leiden musste, hielt Barth fest, dass seine Gedanken «über das gegenwärtige Regierungssystem in Deutschland» von Anfang an ablehnend gewesen seien. Zunächst habe er sich «immerhin Zurückhaltung» auferlegt. Mit dem Lauf der Ereignisse habe sich seine oppositionelle Haltung aber «so zugespitzt», dass seine weitere Existenz in Deutschland «sozusagen physisch unmöglich geworden» sei. Die Bekenntniskirche könne ihn «bei diesen Gedanken» nicht mehr «tragen»[184]. – Am 8. Juli 1935 bezog Karl Barth mit seiner Familie am St. Albanring 186 in seiner Vaterstadt Basel eine neue Wohnung[185].

7

Zurück in der Schweiz

Im Sommer 1935 kehrte Karl Barth in die Schweiz zurück – unfreiwillig. In den folgenden Jahren steht im Zentrum seines Wirkens sein weiträumiges theologisches Hauptwerk, die Kirchliche Dogmatik, die zwar nie fertig wurde, bis zu seinem Tod aber 8953 Textseiten erreichte (ohne die Register)[186] – einmalig in der Theologiegeschichte! Aber auch während dieser Zeit blieb Karl Barth politisch aktiv. Die Basler Regierung ernannte ihn zum Leiter eines «Hilfswerks für deutsche Gelehrte». Darin bemühte er sich zusammen mit anderen nicht nur um die Betreuung, Unterbringung, Eingliederung oder Weitervermittlung von vornehmlich jüdischen «Emigranten», sondern auch um die Finanzierung des Unternehmens. In diesem Zusammenhang korrespondierte er mit Bischof Bell von Chichester, Bischof Eidem von Uppsala und Pasteur Marc Boegner in Paris, alle drei Pioniere der ökumenischen Bewegung. Einer der von ihm unterstützten Flüchtlinge war der jüdische Pianist Rudolf Serkin, der, bevor er 1939 nach Amerika weiterzog, als eine Art «Gegenleistung» Barths Tochter vorübergehend Klavierunterricht erteilte[187].

Zu Gunsten dieses Hilfswerks wurde im Basler Münster eine gut besuchte Dichterlesung mit Thomas Mann organisiert, der «aus seinem im Entstehen begriffenen Roman ‹Joseph und seine Brüder›»[188] vorlas. Thomas Mann schätzte Barth auf Grund der 1933 erschienenen Schrift: «Theologische Existenz heute!» Er hielt sie für «das erste deutsche Wort freien und kraftvollen Protestes gegen das Verbrechen des Nazitums am Abendland». «Was für ein unerschrockener Mann!» «Der einzige Trost im Anblick all dieses Auf-dem-Bauch-Liegens ist die

Liegens ist die Schrift des Theologen Barth. ... Nur in dieser Sphäre und von dieser Seite her scheint ein gewisser Widerstand möglich.»[189]

Thomas Mann selbst hatte bittere Erfahrungen mit dem Nationalsozialismus und der politischen Willfährigkeit vieler deutscher Intellektueller gegenüber Adolf Hitler gemacht. Sein Aufsatz «Leiden und Grösse Richard Wagners» wurde im Frühling 1933 in einer massiven «Radio- und Presseaktion» angegriffen. Richard Wagner wurde vom Nationalsozialismus so undifferenziert vereinnahmt, dass Manns respektvolle, aber nuancierte Würdigung des Komponisten aus Anlass seines 50. Todestages als «Beleidigung» empfunden wurde. So bedeutende Träger des Musiklebens wie der Münchner Generalmusikdirektor Hans Knappertsbusch und die Komponisten Hans Pfitzner und Richard Strauss unterzeichneten einen «Protest der Wagner-Stadt München». Unter den Bedingungen des Jahres 1933 kam das einer «lebensgefährliche[n] Denunziation»[190] gleich und machte es Thomas Mann unmöglich, weiter in seiner Heimat zu leben. Der von seiner Herkunft her unkirchliche Protestant entdeckte in jenen leidvollen Jahren nicht nur Karl Barth, sondern auch in einer ganz unerwarteten Weise die Wucht der Bibel. Er nannte sie das Buch «par excellence»[191], das sowohl seltsamste wie gewaltigste «Monument der Weltliteratur»[192], ein «Einheitsgebilde von unberechenbarer seelischer Wirkungsgewalt»[193]. An der Bibel bewunderte er den Zauber der Sinnlichkeit und denjenigen des Geistes. Die Sinnlichkeit werde vergeistigt und der Geist verleiblicht[194]. Es war nichts als folgerichtig, dass Thomas Mann an der von Barth veranstalteten Wohltätigkeitsveranstaltung im Basler Münster teilnahm.

Am 5. Januar 1938 wurde in Zürich unter Barths Mitwirkung das «Schweizerische Hilfswerk für die Bekennende Kirche in Deutschland» gegründet. Barth investierte viel von seiner Energie in dieses Hilfswerk, auf dessen damals berühmten «Wipkinger Tagungen» er mehrere Vorträge hielt. Barth sorgte dafür, dass auch sein Zürcher Kollege Emil Brunner Mitte 1939 in die leitende Kommission des Hilfswerks eingeladen wurde[195]. Besonders während der Kriegsjahre setzte sich Barth nicht nur grundsätzlich für die Flüchtlinge allgemein, sondern auch ganz konkret für einzelne von ihnen ein. Am 21. November 1941 meldete er sich bei dem für die Flüchtlingsfragen zuständigen obersten Beamten der Schweiz, Dr. Heinrich Rothmund, in Bern «zur Besprechung von konkreten Flüchtlingsfällen»[196] an. Im Zusammenhang mit der Verfolgung der ungarischen Juden nahm er am 25. Juni 1944 Kontakt mit Bundesrat Nobs auf.

In ganz Europa wurde Barth schon früh bekannt als Verfechter des bewaffneten Widerstandes gegen das Hitlerregime. 1938 erregte es internationales Aufsehen, als Barth in einem Schreiben an seinen tschechischen Kollegen Josef L. Hromádka die Meinung vertrat (es war die Zeit, als der englische Premierminister Chamberlain mit Hitler über das Schicksal der Tschechoslowakei verhandelte und das unglückliche Münchner Abkommen schloss):

Jeder tschechische Soldat, der [...] streitet und leidet, wird es auch für uns – und, ich sage es heute ohne Vorbehalt: er wird es auch für die Kirche Jesu Christi tun, die in dem Dunstkreis der Hitler und Mussolini nur entweder der Lächerlichkeit oder der Ausrottung verfallen kann. [...] Sicher ist nur eines: dass, was von menschlicher Seite an Widerstand möglich ist, heute an den Grenzen der Tschechoslowakei geleistet werden muss [...].[197]

Barths ehemalige Freunde von der Bekennenden Kirche waren über diesen Brief entsetzt. Nach Holland schrieb er nur wenig später, am 24. Oktober 1938, die Kirche müsse «um des Evangeliums willen den rechten Staat und also den rechten Frieden wollen»[198]. «Um des rechten Friedens willen» dürfe «die Kirche dem Staat nicht wehren, das Schwert zu führen.» Wenn der Staat «den Frieden nicht mehr anders schützen» könne, dann müsse «er ihn mit dem Schwert schützen.»[199] Zwei Tage später hiess es in einem anderen Brief nach Holland, wenn die «politische Ordnung und Freiheit» bedroht sei, dann treffe diese Bedrohung «indirekt auch die Kirche». Wenn ein «rechter Staat» zur Verteidigung von Ordnung und Freiheit schreite, dann sei «an dieser Verteidigung indirekt auch die Kirche beteiligt»[200].

Karl Barth war also einer der wortmächtigsten Befürworter des bewaffneten Kampfes gegen die Aggression Adolf Hitlers. Als Theologe dachte er sogar laut über die *Legitimität eines gewaltsamen Aufstandes im Lande selbst* gegen eine unmenschliche Diktatur nach. Mit deutlichem Blick auf Deutschland sagte er in einer Gastvorlesung in Schottland im Frühling 1938 (es war die Zeit, in der deutsche Truppen in Österreich einmarschierten):

Es könnte sein, dass wir es mit einer Regierung von Lügnern und Wortbrüchigen, Mördern und Brandstiftern zu tun hätten, mit einer Regierung, die sich selbst an die Stelle Gottes setzen, die die Gewissen binden, die Kirche unterdrücken und sich selber zur Kirche des Antichrist machen wollte. Es könnte dann offenbar sein, dass wir nur noch wählen könnten: entweder im Ungehorsam gegen Gott den Gehorsam gegen diese Regierung oder im Gehorsam gegen Gott den Ungehorsam gegen diese Regierung.

Barth unterschied zwischen «*positiver* Mitarbeit» mit einem Staat, «*passiver* Resistenz», «*aktiver* Resistenz» und – als deren besondere Zuspitzung – «*gewaltsamer* Resistenz». Er warf die Frage auf, ob wir uns als Christen «an der Ausübung von *Gewalt*» beteiligen dürften, und wies darauf hin, man befinde sich «hier an der

Grenze der Kirche, im Raume der *noch nicht* erlösten Welt. In dieser Welt leben und nun auch in ihr Gott gehorsam sein» bedeute «direkt oder indirekt: an der Ausübung von Gewalt beteiligt sein.»[201] «Machen wir uns klar: an der Ausübung von Gewalt sind wir auf alle Fälle ohnehin beteiligt».

Der gewaltsame Widerstand (wie in Deutschland sechs Jahre später derjenige der Männer des missglückten Attentats auf Adolf Hitler vom 20. Juli 1944) sei zwar nur die «ultima ratio», das letzte Mittel. Die «Furcht vor der ultima ratio der gewaltsamen Resistenz» könne und dürfe aber nicht dazu führen, dass «die aktive Resistenz als solche ausgeschlossen» werde[202]. Die Welt habe «Männer nötig und es wäre traurig, wenn gerade die Christen keine Männer sein wollten.»[203]

Besonders scharf rechnete Barth mit dem Nationalsozialismus auf einer der «Wipkinger Tagungen» vom 5. Dezember 1938 (wenige Wochen nach der «Reichskristallnacht») ab:

[...] der Nationalsozialismus ist die grundsätzlich antichristliche Gegenkirche. Hitler und die Anderen, die für den nationalsozialistischen Antisemitismus im besonderen verantwortlich sein mögen, wissen natürlich gar nicht, was sie damit angerührt haben. [...] Wenn das geschieht [...]: die ‹physische Ausrottung› gerade des Volkes Israel, [die] Verbrennung gerade der Synagogen und Thorarollen, die Perhorreszierung gerade des ‹Judengottes› und der ‹Judenbibel› als des Inbegriffs alles dessen, was dem deutschen Menschen ein Greuel sein soll – dann ist eben damit, allein schon damit *darüber entschieden: da wird die christliche Kirche in ihrer Wurzel angegriffen und abzutöten versucht. [...] Wer ein prinzipieller Judenfeind ist, der gibt sich als solcher, und wenn er im übrigen ein Engel des Lichtes wäre, als prinzipieller Feind Jesu Christi zu erkennen. Antisemitismus ist Sünde gegen den Heiligen Geist. [...] Der Nationalsozialismus aber lebt und webt eben im Antisemitismus.*[204]

Nun, aus Deutschland hatte Barth weichen müssen. Aber auch in der Schweiz waren nicht alle einverstanden mit seiner so eindeutig kämpferischen Position. Es geht dabei nicht um Leute in der Schweiz, die Adolf Hitler und seinem Regime mit echter Sympathie gegenüberstanden. Dass es solche gab, ist allgemein bekannt. Aber auch viele andere waren mindestens der Meinung, dass man Hitler nicht provozieren dürfe. Karl Barths deutliche Stellungnahmen kamen ihnen unheimlich und gefährlich vor. Eine Artikelreihe in der «Neuen Zürcher Zeitung» im Frühling 1939 liefert dafür ein Beispiel.

Im Jahr 1939 erschienen sogar am Sonntag noch zwei Ausgaben der NZZ! In der Zweiten Sonntagsausgabe vom 23. April, einen Monat, nachdem die deutschen Truppen Prag eingenommen hatten und das Münchner Abkommen nur noch Makulatur war, erschien auf der Titelseite ein umfangreicher Leitartikel, gezeichnet von einem gewissen «Sdt.», einem freien Mitarbeiter, dessen Namen die damalige Redaktion geheimhielt.

Dass die NZZ diesen Angriff auf Karl Barth publizierte, gibt zu denken – und ebenfalls, dass die Kontroverse zwischen «Sdt.» und Barth in der breit angelegten Festschrift «Die Neue Zürcher Zeitung im Zeitalter des Zweiten Weltkrieges 1930–1955»[205] von Fred Luchsinger weder positiv noch negativ erwähnt wird. Karl Barths Verhältnis zur NZZ blieb während Jahrzehnten getrübt. Erst zu Ostern 1967, anderthalb Jahre vor Barths Tod, kam es zu einer Art «Versöhnung»: Die international angesehenste Zeitung der deutschsprachigen Schweiz lud den hochbetagten Basler Professor ein, den Festtagsartikel «Das Geheimnis des Ostertages»[206] zu schreiben.

Der Titel des Artikels von «Sdt.» lautete: «Auseinandersetzung um Karl Barth» und ging mit dem Basler Theologieprofessor scharf, teilweise auch recht hämisch (und mit wenig theologischem Verständnis) ins Gericht. Der Verfasser bestritt zwar nicht, dass Karl Barth «sich ohne Zweifel ein Verdienst um unser Volk erworben

[habe], als er manchem Harmlosen und Gutgläubigen die unheilige Art der nationalsozialistischen Doktrin und Politik eindrücklich vor die Augen führte»[207]. Er erinnerte auch daran, dass «Professor Barth» den bewaffneten tschechoslowakischen Widerstand unterstützte und sprach von seiner Mitarbeit an der antifaschistischen «Schweizer Zeitung am Sonntag». Er erwähnte das Verbot der Bücher Barths «durch die deutsche Zensur» und die «Verhängung einer Sperre durch das Dritte Reich über die Basler theologische Fakultät». Aber für Barths politischen Mut war er wenig dankbar. Er spottete über eine Art politische «Gloriole» um Barth. Besonders schien er sich darüber zu ärgern, dass «sozialistische» Zeitungen «in letzter Zeit» wiederholt kritische Äusserungen veröffentlicht hätten, «welche Professor Karl Barth über das nationalsozialistische Deutschland getan» habe.

«Sdt.» war kein Freund des Dritten Reiches. Aber auch gegenüber der Schweizer Sozialdemokratie empfand er Gefühle der Geringschätzung, wenn nicht sogar der Verachtung. Statt von «Sozialdemokraten» sprach er betont-abwertend von «Sozialisten». Was Karl Barth selbst betraf, missfiel ihm zunächst, dass seine «Lehre» die «Wahrung der schweizerischen Kultur» beeinträchtige. Barth habe sich sich gegen den (damals modischen und von staatlichen Stellen propagierten) «Heimatstil» gewandt und der offiziellen Kulturpolitik vorgeworfen, «ein gefährliche[r] Ausfluss neudeutscher Gedankengänge» zu sein. Und Barth habe noch grundsätzlicher gegen die Auffassung protestiert, «dass ‹unsere Staatsform [...] eine Angelegenheit des Heimatschutzes und nur des Heimatschutzes [sei]›.» Ein weiterer Vorwurf bestand darin, dass Karl Barths Lehre die «Aussenpolitik der unbedingten Neutralität» erschwere.

Besonderen Anstoss nahm «Sdt.» an der Aufforderung Barths, man möge Gott darum bitten, dass er seine Gnade «in der Dämpfung und Beseitigung des Nationalsozialismus sichtbar werden lasse». «Sdt.» stiess sich daran, dass «Professor Barth» das Dritte Reich den «neuen Türken» genannt habe und die Forderung aufstelle, die protestantische Kirche müsse sich als «betende Kirche» zur «*bewaffneten Abwehr*» bekennen. Der «Gedanke an Kreuzzug und Bekehrung der Ungläubigen», welcher aus solchen Worten spreche, sei vom «Standpunkt unserer aussenpolitischen Beziehungen» aus gefährlich.

Weiter wird Barth vorgeworfen, dass er die Schweizer Demokratie zwar bejahe, zugleich aber die Position vertrete, der Staat habe auf «die Seele und die Glaubensfähigkeit des Menschen [...] keinen Anspruch» und sei verpflichtet, den Kirchen «das Recht auf freie Verkündigung des Evangeliums» zu gewähren. – Der letzte, auf einer anderen Ebene liegende Vorwurf ging Barths Projekt der «Kirchlichen Dogmatik» an: Wenn «Sdt.» – ein typischer Zürcher Liberaler – das Wort Dogmatik oder Bekenntnis hörte, witterte er theologische Rechthaberei und sturen Dogmatismus. Er wusste offenbar nicht, dass Karl Barth sich in seinen theologischen Schriften immer wieder von der Gefahr des Dogmatismus abgrenzt. Etwa im grundlegenden ersten Band der «Kirchlichen Dogmatik» von 1932 findet sich der sehr ernstgemeinte Satz, «die wirklichen Ergebnisse der Dogmatik» seien immer «nur neue Fragen»[208]. In späteren Jahren schrieb Barth im selben Sinne, das Evangelium sei «in sich unendlich, ewig und also unerschöpflich, von keinem Versuch christlicher Lehre in seiner Fülle wiederzugeben». Jede menschliche Darstellung könne «nur unvollkommen sein, abhängig vom jeweiligen Stand der Erkenntnis». Das Evangelium von Jesus Christus sei der Christenheit nicht «als totes Gut» übergeben, das man «habe». «Man hüte sich vor dieser kapitalistischen Auffassung des Christentums [...]!» Das Evangelium wolle «immer wieder erforscht und gesucht und erfragt werden»[209]. Der Artikel in der NZZ macht deutlich, dass dessen Verfasser offenbar nicht wirklich mit Barths theologischer Position vertraut war. – Doch hier der ungekürzte Schlussabsatz von des Artikels in der NZZ:

Karl Barth hat sich ohne Zweifel ein Verdienst um unser Volk erworben, als er manchem Harmlosen und Gutgläubigen die unheilige Art der nationalsozialistischen Doktrin und Politik eindringlich vor Augen führte. Doch dieses Verdienst darf uns nicht blind machen für die Gefahren, *welche seine* praktische Haltung *für die Schweiz in sich schliesst. Seine Lehre beeinträchtigt die Wahrung der schweizerischen Kultur nach den Beschlüssen der eidgenössischen Räte. Sie erschwert die Aussenpolitik der unbedingten Neutralität, zu welcher der Bundesrat sich selbst, die Räte und das Volk in einer feierlichen Erklärung verpflichtet hat. Sie setzt den Rang des Staates unter den Gestaltungskräften des öffentlichen Lebens über Gebühr herab. Sie könnte unter Umständen den verborgenen Gegensatz zwischen den Konfessionen in einen lauten Glaubenskampf verwandeln; auf jeden Fall ist sie geeignet, im protestantischen Lager Unfrieden, Unsicherheit, Zersplitterung hervorzurufen. In ihrer Gesamtheit könnten diese Wirkungen die Widerstandskraft der Eidgenossenschaft schwächen.*

Zu «Sdt.s» «Entlastung» sei immerhin angefügt, dass das Deutsche Reich der Schweiz wiederholt Verletzung der Neutralität vorwarf. Die aussenpolitische Situation war heikel. In derselben Ausgabe der NZZ vom 23. April 1939 ist bemerkenswerterweise die offizielle Antwort des schweizerischen Bundesrates auf eine Anfrage der deutschen Regierung publiziert. Diese hatte die Meinung Berns bezüglich einer «Friedensbotschaft» des amerikanischen Präsidenten Roosevelt im Zusammenhang mit der Besetzung Prags durch die Deutschen in Erfahrung bringen wollen. Der Bundesrat antwortete, er habe «*keine Kenntnis* von der Absicht des Präsidenten Roosevelt, einen Friedensappell an die deutsche und italienische Regierung zu richten». Der folgende Absatz wurde hinzugefügt:

Der Bundesrat vertraut auf die Respektierung *der durch die* eigene Wehrkraft *verteidigten* Neutralität *der Schweizerischen Eidgenossenschaft, die von Deutschland und den übrigen Nachbarstaaten ausdrücklich anerkannt ist.*

Wenn man zwischen den Zeilen liest, nimmt man eine gewisse Nervosität der schweizerischen Landesregierung wahr. Man «weiss» *nichts* von der amerikanischen Initiative (über welche die Medien berichteten) und unterstreicht die Neutralität der Schweiz. Deutschland und Italien möchte man auf keinen Fall beleidigen oder reizen. Der Bundesrat wagt nicht, einzugestehen, dass er mit den Sorgen des amerikanischen Präsidenten um den Frieden übereinstimmt.

Die NZZ war so fair, dem angegriffenen Basler Professor die Gelegenheit zu einer Replik zu gewähren. (Unter dem Siegel der Geheimhaltung gab Chefredaktor Willy Bretscher Barth bekannt, dass der gegen ihn gerichtete Artikel von Dr. Georg C. L. Schmidt, Redaktor des «Freisinnigen» in Wetzikon, geschrieben worden war. Schmidt pflegte sonst vorwiegend über Landwirtschaft zu schreiben.[210]) Am Mittwoch, den 3. Mai 1939, also zehn Tage später, erschien auf der Titelseite der Abendausgabe ein ebenfalls ganzseitiger Artikel Karl Barths unter der Überschrift «Notwendige Gefahren» – eine publizistische Meisterleistung. In feiner Ironie «dankte» Barth der NZZ zuerst dafür, dass sie den gegen ihn gerichteten Artikel publizierte. Er habe den Aufsatz «gerne gelesen» und sage «darum auch gerne [seine] Meinung». «Was für eine Erquickung, wenn man auch einmal so bestritten wird, dass man darauf hören und dann auch seinerseits etwas dazu sagen mag!» In diesem Sinn dürfe er seinem Angreifer, den er «im übrigen nicht kenne, vorerst die Hand drücken.»

Barth spitzte seine Antwort auf den Vorwurf zu, dass «seine praktische Haltung» *gefährlich* für die Schweiz sei. Er unterschied zwischen zu meidenden und notwendigen Gefahren. Man beschwöre nur eine noch grössere Gefahr herauf, wenn man einer *notwendigen* Gefahr ausweiche. Konkret, im Blick auf die gegen ihn erhobenen Vorwürfe, könne das heissen: Es wäre eine noch viel grössere Gefahr, wenn die Schweiz als Antwort auf die deutsche Blut-und-Boden-Ideologie nun ihrerseits ihr Kulturleben einseitig von nationalistischen Interessen dominieren liesse. Und es wäre verhängnisvoll, wenn sie Rosenbergs «Mythus des 20. Jahrhunderts» einen «Mythus der schweizerischen Freiheit» – und nicht eine realistische Sicht – entgegenstellte. Barth fragte, was herauskommen würde, «wenn wir nun ebenfalls eine Art geistiger Autarkie auf der Grundlage unseres viersprachigen Volkstums» proklamierten, wenn wir nebenbei «nun ebenfalls in Antisemitismus zu machen» begännen, wenn wir «nun ebenfalls Kultur mit Heimatschutz» verwechselten. Gegen eine der Formulierungen «Sdt.s» wandte er ein, «von den wirklich grossen Trägern schweizerischer Kultur in der Vergangenheit» habe nie einer «das nationale Interesse in den Mittelpunkt aller seiner Bestrebungen gestellt». Barth fragte, ob es überhaupt möglich sei, «diese Kultur auf diesem Wege» zu erhalten.

Karl Barth legte damit den Finger auf eine damals wirklich bestehende Gefahr der schweizerischen Kulturpolitik, in der die Abschottungstendenzen und die damit verbundene nationale Nabelschau aus heutiger Sicht unübersehbar sind. Viele in die Schweiz emigrierte Schriftsteller wurden mit einem Berufsverbot belegt. Der Schweizerische Schriftstellerverein sagte in einem Gutachten im Zusammenhang mit dem berühmten österreichischen Feuilletonisten Alfred Polgar, es mache keinen Sinn, dass man von Seiten der offiziellen Schweiz das einheimische Kulturschaffen unterstütze und «gleich-

zeitig die ausländische Konkurrenz» ins Land hinein-
lasse[211]. Als Folge eines Berufsverbotes musste z. B. der
Jugendbuchautor Kurt Kläber sein Buch «Die schwar-
zen Brüder» unter dem Namen seiner in der Schweiz
juristisch besser gestellten Frau, Lisa Tetzner, publizieren. Bei seinem berühmtesten Buch, «Die rote Zora»,
gelang es ihm im Jahr 1941 allerdings, die Schweizer
Fremdenpolizei zu überlisten, indem er das Buch unter
dem Pseudonym «Kurt Held» herausgab.[212]

Zurück zur Auseinandersetzung in der NZZ! «Sdt.»
warf Karl Barth vor, er setze «den Rang des Staates
unter den Gestaltungskräften des öffentlichen Lebens
über Gebühr herab», indem er eine Begrenzung des
Staates durch «Freiheit, Recht und Verantwortlichkeit
des einzelnen Christen» postuliere. Barth führte dazu
aus, alle wollten doch den schweizerischen, und damit
meinten alle: einen rechten, wirklich demokratischen
Staat, «der auf die gemeinsam getragene Verantwortung
aller seiner Bürger aufgebaut» sei und dessen Leben
«nach Verfassung und Gesetz» in einem «öffentlich kon-
trollierbaren» Raum stattfinde. Und deshalb erlaube er
sich, zu fragen, ob dieser Staat entstehen könne und «in
dem ihm gebührenden Rang unter den Gestaltungskräften des öffentlichen Lebens» bestehen bleiben könne,
ohne das, was ihn gefährde. «Kann gerade dieser Staat
sich selbst für ‹unbedingt› halten, sich selbst zum absoluten, zum totalen Staat erheben wollen? Liegt es nicht
gerade in seinem Wesen, ist es für ihn nicht geradezu
Staatsnotwendigkeit (mit deren Missachtung er sich
selbst aufgeben würde), seine Begrenzung» anzuerken-
nen?

Und damit zum eigentlich theologischen Aspekt: Wie
auch in andern Publikationen trat Barth für die These
ein, die freie Verkündigung des Evangeliums sei in
jedem Fall die beste Garantie für eine Begrenzung des
Staates und damit für dessen Schutz vor absolutisti-
schen oder sogar totalitären Tendenzen:

[...] dieses radikale Gegenüber meinen wir, wenn wir von der ‹freien Verkündigung des Evangeliums› oder von ‹Freiheit, Recht und Verantwortlichkeit des einzelnen Christen› als von der Grenze des Staates reden. Ich weiss [zwar], wie oft auch in dieser Verkündigung gerade in politischer Hinsicht (nach der einen oder nach der anderen Seite) menschlich gefehlt worden ist. Ich weiss also, dass es ‹gefährlich› ist, an diese Grenze zu erinnern. Aber ist es vermeidlich? Man sage mir: von woher meint man denn unseren, einen rechten Staat begründen und erhalten zu können, wenn nicht von daher? Wo sonst gedenkt man denn etwa heute, wo das so nötig ist, schweizerische Sozialisten und schweizerische Liberale, Bürger, Arbeiter und Bauern, Deutschschweizer und Welschschweizer wirklich sammeln zu können, als in dieser Erinnerung? So lange aber erlaube man mir, zu behaupten, dass es für unseren Staat noch viel gefährlicher wäre, gerade diese Erinnerung als staatsgefährlich verdächtigen und unterdrükken zu wollen.

Karl Barth behauptete also, dass die – ganz abstrakt formuliert – Erinnerung an Gott, die Erinnerung an diesen «ganz Anderen», die Erinnerung an den, über den hinaus nach der berühmten Formulierung des mittelalterlichen Denkers Anselm von Canterbury nichts Grösseres gedacht werden kann[213], – dass diese Erinnerung die vornehmste und wesentlichste Aufgabe der kirchlichen Verkündigung sei und zugleich die beste Garantie dafür, dass ein Staat – und sei es ein liberaler Rechtsstaat – sich nicht selbst absolut setze. *Ein Staat, damit er wirklich menschlich bleiben kann, muss sich der Gefahr aussetzen, dass sich die Kirche manchmal auf eine unbequeme Weise einmischt.*
Die besondere politische Färbung des schweizerischen Protestantismus, der sich Barth seit seinen Anfängen bewusst war, geht bis auf das Zeitalter der Reformation zurück. In der grundlegenden Schrift «Der Hirt» des Zürcher Reformators Huldrych Zwingli (in

der Redaktion der NZZ damals sicher nicht unbekannt) konnte man lesen, «dass der Hirt [d. h. der Pfarrer oder Theologe] auch dem König, Fürsten oder Oberen nichts durchgehen lassen» dürfe, sondern «jedem seinen Irrtum anzeigen» müsse, sobald er sehe, dass jener vom Weg abkomme[214]. Der Hirte müsse tun, was niemand wage: «Den Finger auf wunde Stellen legen und Schlimmes verhüten, keinen schonen, vor Fürsten, Volk und Geistliche treten, sich weder durch Grösse, Einfluss und Zahl, noch durch irgendwelche Schreckmittel beeindrucken lassen, sofort zugegen sein, wenn Gott [rufe], und nicht nachlassen, bis sie sich ändern.»[215] Gerade in Zürich konnte man also nicht behaupten, dass Barths Position absolut unerhört und neu sei.

Auch später berief sich Barth gelegentlich auf die «gut schweizerische» reformierte Tradition des Verhältnisses von Kirche und Politik. In einem Brief vom 14. August 1941 schrieb er nach Bern, dass der «Bezug auf das Leben und also auch auf die politischen Entscheidungen geradezu zum Herzstück nicht nur [seiner], sondern jeder ordentlichen Theologie überhaupt» gehöre. «Gerade die auf die Lehre Zwinglis und Calvins begründete reformierte Kirche unseres Landes» könne «sich das Recht und die Pflicht dieses Bezugs unmöglich absprechen lassen.»[216] Und noch pointierter in einem Brief an Dr. Heinrich Rothmund vom 26. November 1941:

Die Kirche, verehrter Herr Dr.! – ich wollte wohl, dass ich das über Ihren Kopf hinweg zugleich Ihrem Chef [von Steiger] zurufen könnte!! – ist nun einmal nicht ein eidgenössisches Departement, das sich als solches den Intentionen und Weisungen des Bundesrates unter- und einordnen dürfte und müsste.[217]

Im nächsten Abschnitt seiner Replik in der NZZ geht Barth auf den Vorwurf ein, seine Position sei aussenpolitisch gefährlich, weil sie das deutsche Regime provoziere, und fragt seinen ihm dem Namen nach unbekannten Kritiker, ob es nicht im Gegenteil nötig sei, dem Schweizer Volk «jetzt schon» zu sagen, dass es in einem allfällig kommenden Krieg um einen «unversöhnlichen» Gegensatz gehen werde, um einen Gegensatz, in welchem man «nicht auch anders» können werde. Barth hatte schon vorher davon gesprochen, dass wir «unsere Söhne und Brüder» möglicherweise «ins Feuer schicken und uns selber mit Bomben» werden «bewerfen lassen» müssen. Indem man für den rechten Staat eintrete, müsse man dem «Tode und – was noch schlimmer [sei], dem Tötenmüssen» entgegensehen. Ob man das nicht aussprechen müsse, «auch auf die Gefahr hin, dass es unserer Diplomatie augenblicklich nicht ganz bequem» sei? «Die Gefahr, dass wir dann, wenn es ums Ganze gehen [werde], vor lauter Neutralität nicht wissen könnten, *dass* es ums Ganze [gehe], und dass wir dann versagen könnten –, diese Gefahr [sei] grösser.» Allen Ernstes trete er deshalb «dafür ein, dass wir die kleinere Gefahr» wählten.

Im vorliegenden Zusammenhang ist es nicht nötig, über Barths Replik auch noch im Hinblick auf den an ihn gerichteten Vorwurfs des theologischen Dogmatismus zu referieren. Die nur wenige Tage später, am 5. Mai 1939, publizierte Duplik brachte keine neuen Argumente. Unter Zuhilfenahme eines Textes des «geniale[n] Historikers und Staatstheoretiker[s]» Alexis de Tocqueville gipfelt der die Debatte abschliessende Text darin, dass «Sdt.» noch einmal eindringlich vor «Eingriffen der Theologie in das politische Geschehen» warnte.

Wenige Monate vor Ausbruch des Zweiten Weltkrieges konnte man wohl kaum eine klarere Position vertreten als Karl Barth. Er war Vorkämpfer eines kompromisslosen Widerstandes gegen den Nationalsozialismus sowohl in der Innen- als auch in der Aussenpolitik. Wo es um oder gegen Adolf Hitler ging, wollte und konnte er nicht neutral sein.

8

POLITISCHES REDEVERBOT

Am 1. September 1939 liess Adolf Hitler ohne Kriegser-
klärung Polen überfallen. Der Zweite Weltkrieg brach
aus. Karl Barth gehörte zu denjenigen in der Schweiz,
die von Anfang an uneingeschränkt für die militärische
Landesverteidigung eintraten. Schon in Deutschland
hatte er sich frühzeitig für eine starke Schweizer Armee
eingesetzt. Im Dezember 1934 äusserte er sich gegenüber einem Schweizer Publizisten, der ihn über seine
Einstellung zur Armee befragte, «er sei für eine stärkere
Verteidigung der [Schweizer] *Nordgrenze* gegen Deutschland»[218]. Als der Krieg ausbrach, «meldete sich Barth
[...], fast 55jährig, zum Schweizer Militärdienst», um
«mit einem Zeichen seine Aufrufe zum Widerstand zu
unterstreichen [...], obwohl er seit Jugendjahren aus
gesundheitlichen Gründen ausgemustert war». «Barth
wurde im ‹bewaffneten Hilfsdienst› einer Einheit zuge-
teilt, deren Aufgabe es war, bei einem Angriff auf die
Schweiz im grenznahen Bereich die deutsche Armee für
eine Weile am Vormarsch zu hindern, damit sich unter-
dessen die Schweizer Hauptarmee im ‹Reduit› der
Alpenfestung sammeln» konnte. Die Einheit hätte, wie
deren Gliedern bewusst war, kaum eine Überlebens-
chance gehabt. «Welchen Zeichenwert für Barth seine
Soldatenuniform hatte», zeigte sich auch darin, dass er
in einem Brief vom 19. 6. 1942 an Bischof Bell von Chichester «diesem ein Foto von sich in Uniform zusandte
mit dem Vermerk: ‹resist the evil with *all* means›»[219].
Barth verkehrte auch persönlich mit Henri Guisan,
dem Oberkommandanten der Schweizer Armee, der
ebenfalls «Zofinger» war. Leider ist nicht überliefert,
was die beiden Männer im August 1942 anlässlich eines

zweitägigen Zusammenseins auf dem Gut Rosengarten bei Gerzensee ihres gemeinsamen Freundes Albert von Erlach[220] miteinander diskutierten. Als General Guisan ein Defilee abnahm, stand Barth in Uniform für alle sichtbar neben ihm[221], um so für die Öffentlichkeit sichtbar seinen Wehrwillen zu demonstrieren.

In der Einleitung wurde bereits erwähnt, dass die Schweizer Behörden keine Freude am Widerstandswillen des Basler Theologieprofessors hatten. Ab dem Sommer 1941 hatte Karl Barth politisches Redeverbot in der ganzen Schweiz. Sein Telephon wurde widerrechtlich abgehört. Eduard von Steiger überlegte sich, ob der unbequeme Basler Theologieprofessor nicht sogar gefangen genommen werden müsste oder könnte. Das hing damit zusammen, dass das Regime in Berlin vor allem über zwei aktuelle Vorträge Barths zutiefst empört war. Zunächst handelte es sich um den Vortrag «Unsere Kirche und die Schweiz in der heutigen Zeit», zuerst gehalten im November 1940 und dann an verschiedenen Orten wiederholt – am 19. Januar 1941 in der St. Mangenkirche in St. Gallen. Mitte Juni 1941 wurde der im Verlag der Evangelischen Gesellschaft St. Gallen herausgegebene Vortrag polizeilich beschlagnahmt und von der Zensur verboten. Der Bundesrat kam mit dieser Massnahme einer Forderung der deutschen Regierung nach. In einem scharfen Protestschreiben hatte diese am 9. April 1941 «die Konfiszierung von Barths Vortrag» gefordert. Wie grosses Aufsehen Barths Vortrag erregte, lässt sich indirekt auch daraus ablesen, dass das Auswärtige Amt in Berlin am gleichen 9. April «weitere Belege von Barths Vortragstext aus seiner Berner Botschaft anforderte und zugleich [den Bericht dieser Botschaft über Barth] an die Zentrale der NSDAP in München übersandte». Wenig später verhandelte die geheime Konferenz der kantonalen Polizeidirektoren der Schweiz unter dem Vorsitz Bundesrats von Steigers über Barth und erwog gegen ihn noch weiter gehende

Massnahmen[222]. Der Schweizer Botschafter Frölicher in Berlin «befleissigte» sich am 12. Juli, den Bundesrat in Bern, «diplomatisch verklausuliert, zur Verhängung eines Maulkorbs für Barth aufzufordern». Barth wurde die «Störung der ‹korrekten› Beziehungen zu Deutschland», die «Gefährdung der Schweizer Neutralität» und «möglicher Geheimnisverrat» vorgeworfen[223].

Barths Vortrag «Unsere Kirche und die Schweiz in der heutigen Zeit» war in der Tat von grosser Schärfe: Gott warte darauf, sagte er, «einmal einen Haufen Männer und Frauen anzutreffen, die aufrichtig genug [seien], auf die Arglist, den Schwindel und Betrug dieser Zeit nicht hereinzufallen und mit dem Teufel keine Kontrakte zu schliessen.»[224] Es sei nötig, «dass man auch sein Maul brauche den törichten Mäulern gegenüber». Diejenigen, «die das Maul am weitesten auftun», sind nicht immer die Richtigen[225]. Barth warnte vor allen, «die es auf Anpassung und Gleichschaltung, auf die Nichterhaltung der Schweiz, auf die direkte oder indirekte Kapitulation, auf das Umfallen und Anbeten vor den fremden Göttern eingestandenermassen geradezu abgesehen [hätten]. Von ihnen sei hier öffentlich und ohne Ansehen der Person gesagt, dass das, was sie tun, schlimmer ist, als wenn sie silberne Löffel stehlen würden.»[226] Die Schweiz sei in Gefahr, «dass die grosse Strassenwalze der sogenannten Neuordnung Europas auf irgend einer ihrer Touren in der einen oder andern Weise bestimmt auch [ihren] bis jetzt noch ausgesparten Winkel erreichen [werde].»[227]

Besonders erbittert war das Regime in Berlin wegen der Passagen, in denen Barth drastisch ausmalte, was eine deutsche Fremdherrschaft über die Schweiz praktisch bedeuten würde. Eine «von keiner Seite kontrollierte Staatsmacht» würde «die moralische Vernichtung oder auch die physische Unschädlichmachung jedes ihr Widerstrebenden und schliesslich auch die systematische Ausrottung derer, die um ihrer Schwachheit willen für ihre Zwecke endgültig unbrauchbar sind, zum täglichen Prinzip» erheben. Es wäre «unerträglich, wenn auch die Kirche nur die Wahl [hätte], entweder sich selbst dem Kultus dieser als Gottheit sich gebärdenden Staatsmacht zu widmen oder aber ihr Zeugnis auf ein unverbindliches Lispeln in der Sphäre der privaten Frömmigkeit zu beschränken.» Das alles könne man «im Notfall erleiden, wie man auch Epidemien und Erdbeben erleiden müsste». Man könne es aber nicht *wollen*. «Das alles mitmachen zu müssen», sei «unerträglich, weil es nicht recht [sondern] schändlich» sei. Barth dachte dabei vor allem an «die grobe und feine Misshandlung der Juden». Das sei der Sinn und der Inhalt «der heute drohenden Fremd- und Gewaltherrschaft»[228].

[...] die innerste Mitte dieses Weltreiches [besteht] im Hass und in der Verstossung der Juden [...]. Der Menschensohn, der der Sohn Gottes war, war aber ein Jude.[229]

Man diskutiert heute oft darüber, was von den nationalsozialistischen Greueln man damals in der Schweiz wissen konnte. Karl Barth kannte zu jenem Zeitpunkt offensichtlich sowohl das Programm der «Euthanasie», der Vernichtung des sogenannten «lebensunwerten Lebens», als auch die Verfolgung der Juden – im Herbst 1940 allerdings noch nicht in ihrem allerschrecklichsten Ausmass.

Auch ein anderer Vortrag Barths wurde von der Zensur verboten: Am 1. August 1941 feierte man in der ganzen Schweiz das 650jährige Jubiläum des Bundesschlusses auf dem Rütli. In diesem Zusammenhang veranstaltete die Junge Kirche, eine damals sehr lebendige und aktive Jugendorganisation innerhalb des Deutschschweizer Protestantismus, drei sogenannte Landsgemeinden, die am 6. Juli 1941 abgehalten wurden. Viele tausend Jugendliche kamen in Frauenfeld, in Zürich oder in Gwatt am Thunersee zusammen. «Die sommerliche Wärme» hielt die Teilnehmenden nicht davon ab, den «Darlegungen der Referenten mit gespannter Aufmerksamkeit zu folgen. Man spürte, wieviele dieser jungen Menschen merkten, dass es da um die brennendsten Gegenwartsfragen ging, die jeden Schweizer und vor allem jeden Christen in der Schweiz» betrafen[230]. In Frauenfeld sprach der in St. Gallen lehrende Historiker Georg Thürer, in Zürich der Theologieprofessor Emil Brunner und in Gwatt Karl Barth (der den Vortrag eine Woche später auf französisch vor einer noch grösseren Menge in Vaumarcus im Kanton Neuenburg wiederholte). Der Bundesvorstand der Jungen Kirche publizierte die drei Vorträge in einer Broschüre, die zum 1. August 1941 erschien. Der Vortrag Barths wurde zusätzlich im Verlag der Evangelischen Gesellschaft St. Gallen als Sonderdruck herausgegeben (gedruckt von der Druckerei Weber in Heiden): «Im Namen Gottes des Allmächtigen 1291–1941.» Die erste Auflage von 12 000 Exemplaren war sofort vergriffen. Die zweite Auflage betrug 16 000 Exemplare. (Am 21. Juni 1941 geschah Hitlers Überfall auf Russland. Da er in den gedruckten Vorträgen nicht erwähnt wird, kann daraus geschlossen werden, dass die Manuskripte schon drei Wochen vor der eigentlichen Veranstaltung abgeschlossen worden waren.) Je ein persönliches Exemplar wurde an den Bundespräsidenten und an General Guisan adressiert. Die Wahl des wenig bekannten Kleinverlages in St. Gallen führte dazu, dass die Militärzensur die Publikation erst einige Tage «zu spät» bemerkte. Und sie schlug zu: Was von der zweiten Auflage noch übrig war, wurde am 18. Juli 1941 beschlagnahmt.

Die Vorträge Emil Brunners und Georg Thürers wurden von der Zensur *nicht* verboten. Der Vergleich macht sofort klar, warum: Der Zürcher Professor hielt einen schönen, aber recht abstrakten Vortrag über die Idee der schweizerischen Demokratie. Georg Thürer rief die jungen Leute in seinem melodiösen Glarner Dialekt mit feurigen Worten zum christlichen Glauben und zur

Vaterlandsliebe auf. Nur Karl Barth benutzte die Gelegenheit, um politisch heisse Eisen aufzugreifen. Sein Vortrag gehört zu den grossen politischen Reden des 20. Jahrhunderts – vergleichbar mit jenen von Winston Churchill und John F. Kennedy. Im folgenden geht es nur um diesen Vortrag.

Barth begann mit der nüchternen Feststellung, die Schweizer seien «ein aus Reformierten, Katholiken, Idealisten und Materialisten aller Art wunderlich gemischtes Volk»[231], weshalb die Schweiz ehrlicherweise ihrem Wesen nach nicht als ein christlicher Staat bezeichnet werden könne. Nur Gott wisse – so Karl Barth –, was unsere Urgrossväter und Grossväter dazu bewegt [habe], die Bundesverfassung mit der Wendung «*Im Namen Gottes des Allmächtigen*» zu beginnen. Aber diese Worte ständen nun einfach da, und sie seien so etwas wie ein Zeichen. Daneben gebe es andere, vergleichbare Zeichen, etwa: die Schweiz als «*Eidgenossenschaft*». Ein Eid habe «die Schweizer zu der bestimmten Gemeinschaft» gemacht, «als die sie in die europäische Geschichte eingegangen» seien. Und ein Eid sei «eine Verpflichtung, die unter Anrufung Gottes und in der Verantwortung vor ihm übernommen» worden sei. Auch «konfessionelle, ja religiöse Neutralität unserer Staatseinrichtungen» könne das nicht verändern. – Ein weiteres auffallendes Zeichen sei das «*Schweizerkreuz*»:

[Es ist] *das weisse Kreuz auf dem roten Grund der Schweizerfahne. Warum ist kein Löwe oder Adler, warum nicht wenigstens der beliebte Bär, ein gehender wie der von Bern oder ein stehender wie der von Appenzell, auf diese Fahne gekommen? Warum nicht der Stier von Uri, der für die Wacht am Gotthard, für den ‹Tellenmythus›, ferner: für unsere Kraft und unseren gelegentlichen Zorn oder auch für die ‹Käserei in der Vehfreude›, vielleicht auch für so manchen währschaften eidgenössischen Kuhhandel und schliesslich doch auch für so mancherlei echt schweizerischen Dienst am*

goldenen Kalbe ein so prächtiges Symbol geboten hätte? [...]
Der Luzerner Staatsmann Philipp Anton von Segesser hat
zwar den in den siebziger Jahren herrschenden Radikalen
einmal vorgehalten, sie sollten doch das Kreuz in der Schwei-
zerfahne angemessener Weise durch eine Wurst ersetzen! Sie
haben sich aber wohl gehütet, das zu tun. Wieder können wir
offenbar nur feststellen, dass auch dieses Kreuz nun einmal
dasteht [...].

Es ist dies ein Abschnitt, der Barths rhetorische Brillanz
besonders gut zeigt. – Als viertes und letztes Zeichen
nannte Barth den seltsamen Satz: «*Dominus providebit!*
Der Herr wird's versehen!», der auf den Rand der schweizerischen Fünffrankenstücke geprägt ist.

Es wurde bereits darauf hingewiesen, dass die
Schweiz für Karl Barth trotzdem nicht ein «christlicher»
Staat war. «Das Wort ‹christlich› sagt zu viel, als dass
man zugeben könnte, dass der Bund der Eidgenossen
jemals ein christlicher Bund gewesen sei»[232]. Die
schweizerische Eidgenossenschaft sei vor 650 Jahren zu
«ausgesprochen *weltlichen* Zwecken [...] gegründet und
mit ebenso ausgesprochen *weltlichen* Mitteln [...] auf-
recht erhalten, erweitert, verteidigt und umgestaltet
worden.»[233] Und doch dachte Barth, dass der «Bund der
Eidgenossen, der selber keine Kirche» sei, «auf dem
Boden und *Grund,* in der *Luft* und *Reichweite* der Kirche
Jesu Christi» entstanden und erhalten geblieben sei[234].
Die Schweiz sei zwar nicht ein christliches, wohl aber
«ein mit dem Evangelium von Jesus Christus konfron-
tiertes», ein «von ihm in exemplarischer Weise in Anspruch genommenes Staatswesen»[235]. Und dieser Sach-
verhalt habe unausweichlich ganz bestimmte Folgen:
Das Evangelium (das ja ein Evangelium der Freiheit ist)
regt die von ihm angeredeten Menschen an, ihr politisches Gemeinwesen nicht autoritär, sondern freiheitlich
und das heisst konkret: so demokratisch wie möglich zu
ordnen. Durch ihre Existenz vertrete die Schweiz «die

Idee einer *durch das Recht verbundenen Gemeinschaft freier Völker von freien Menschen*». Laut «ihres *Unabhängigkeits-* und *Neutralitäts*willens»[236] wolle sie sich als eine solche Gemeinschaft behaupten. «Indem sie sich zu sich selbst bekannte, musste sie sich immer wieder auch dazu bekennen, dass Recht über Macht geht und dass in Freiheit getätigte gemeinsame Verantwortung besser ist, nicht nur als alle böse, sondern auch als die bestgemeinte Zwangsherrschaft.»[237] Der politische Charakter der Schweiz sei – «vergleichbar dem Alpenglühen» – ein «*Widerschein* von dem uns und dem ganzen Abendland verkündigten *Evangelium* von Jesus Christus, eine Bestätigung seiner Auferstehung von den Toten, der ihm gegebenen Gewalt über alles, was im Himmel und auf Erden ist, seines vollbrachten Sieges über alle Dämonen, der Güte Gottes, welcher [wolle], dass allen Menschen geholfen werde.»[238] Die zuletzt zitierten Wendungen dokumentieren den rhetorischen Überschwang (die Plerophorie), von dem (oder von der) Barth, besonders wenn er von Christus sprach, ergriffen werden konnte.

Bis zu diesem Punkt hätte die Militärzensur keinen Grund gehabt, gegen den Vortrag einzuschreiten. Wenn man weiterliest, nimmt man jedoch wahr: Karl Barth disponierte seine Rede ähnlich wie die biblischen Propheten. Mit einer captatio benevolentiae fängt er an – ähnlich wie seinerzeit Amos, wenn er in einer seiner Reden (Amos 1,3–2,16) zuerst gegen die Feinde Israels loszog, bevor er sich Israel selbst zuwandte. Karl Barth gestaltete die grosse Wende in seiner Rede so:

Die Schweiz könnte [...] ihren Charakter als eine durch das Recht vereinigte Gemeinschaft freier Völker und freier Menschen verlieren; sie könnte aufhören, [...], jene Erinnerung an die alte, jene Hoffnung auf die neue Ordnung Europas zu sein. Sie könnte zu einer Ecke werden, über die weiter nichts zu sagen wäre als dies: dass daselbst allerhand grosse und kleine Leute mit der Fabrikation von Käse und Uhren, von Stickereien und Maschinen, auch wohl als Hoteliers und Portiers, als Bergführer und Skilehrer mehr oder weniger Geld verdienten und im übrigen ihr Vergnügen hätten. [...] Freie Völker wären die Bewohnerschaften unserer Kantone nicht mehr, sondern zu fleissig arbeitenden und munter geniessenden, aber verantwortungslosen Herden wären sie geworden.[239]

Wie ein Leichentuch wäre [...] die neue – aber was für eine andere neue! – europäische Ordnung auf uns herab gekommen.[240]

[...] es ist schwerlich zu viel gesagt, wenn man sagt, dass die Schweiz in den 650 Jahren ihres Bestandes wohl noch nie in so grosser Gefahr stand, ihren Charakter und damit ihr Existenzrecht und damit dann auch die Wahrheit jener Zeichen zu verlieren, wie eben heute.[241]

Das schwerwiegendste Problem und die grösste Gefahr für die Schweiz sah Karl Barth nun nicht in der militärischen Bedrohung, sondern darin, dass sie sich aus Angst dem äusseren Bedroher zu stark anpassen könnte. Ohne auch nur von einem einzigen deutschen Soldaten betreten zu werden, könnte sie in vorauseilendem Gehorsam ihre Eigenart und damit auch ihre Existenzberechtigung verlieren. Die Schweiz stehe nach Barth an einem Scheideweg: *Entweder,* sie widerstehe dem Druck auf ihre wirtschaftliche Existenz und nehme die «Aussicht auf sehr magere Jahre» in Kauf und zusätzlich die «Aussicht auf einen militärischen Angriff mit all den Folgen, die ein solcher [...] zu haben pflegt», *oder* die Schweiz opfere ihre Freiheit und werde Geist und Buchstaben der Neutralität «untreu», um dafür «Sicherheit», Vollbeschäftigung, «Brot und Kohlen» einzutauschen. Es werde dann nicht mehr darauf ankommen, ob die deutsche Wehrmacht in die Schweiz einmarschiere oder nicht. In jedem Fall werde sie «ein Rad in der Maschine jener Kriegsordnung» geworden sein und ein

Teil der von Hitlerdeutschland in Angriff genommenen «Neuorganisation Europas»[242].

Das heisst: Für Barth war es eindeutig, dass materieller Mangel verbunden mit Freiheit einem Wohlleben unter Verlust dieser Freiheit vorzuziehen war. In den folgenden Abschnitten seiner Rede wurde er noch konkreter: Er legte seinen Finger auf verschiedene Wunden der damaligen Innen- und Aussenpolitik. Karl Barth warf der Eidgenossenschaft vor, dass es zur Zeit nicht allen gleichmässig, sondern den «wirtschaftlich Schwächeren und Schwachen», der «grosse[n] Masse»[243], besonders schlecht gehe. Zusätzlich kritisierte er, dass die sozialdemokratische Partei «als die stärkste politische Vertretung der schweizerischen Arbeiterschaft und zugleich als die grösste von allen politischen Parteien»[244] nicht im Bundesrat figuriere. Was sei der Schweiz «wichtiger: die Gunst oder Ungunst des Auslandes» oder Einheit des Schweizervolkes «dem Ausland gegenüber?» Zur damals diskutierten Frage, ob sieben oder neun Bundesräte vorzuziehen seien, meinte Barth, dass das nicht so wichtig sei. Es sei aber eine eigentliche «Lebensfrage», ob «die Stimme der Minderbemittelten» dort laut werden könne, wo «mit grosser Vollmacht» über Wohl und Weh der Schweiz entschieden werde[245]. Dazu muss man wissen: Es war die Zeit des Vollmachtenregimes, ein Teil der demokratischen Spielregeln war vorübergehend ausser Kraft gesetzt. Der Bundesrat war während des Krieges mit einer grösseren Machtfülle ausgestattet (ohne eine parlamentarische Kontrolle), als die geschriebene Verfassung es vorsah. Erst zweieinhalb Jahre später wurde Barths (und natürlich auch anderer) Forderung einer Vertretung der Sozialdemokratie im schweizerischen Bundesrat erfüllt, indem die Bundesversammlung am 15. Dezember 1943 Ernst Nobs in die Regierung wählte.

Karl Barth bemängelte weiter die Einschränkung der Presse- und Redefreiheit. Mit Recht bemerkte er dazu, dass die Schweizer Presseerzeugnisse in Deutschland ohnehin verboten waren. Wenn auf deutschen Druck hin auch im Inland gewisse Dinge verschwiegen würden, sei das eine unzulässige Anpassung an Deutschland. Besonders anstössig sei, dass man die damals in der Schweiz existierende Zensur vor der Bevölkerung geheimhalte.

[Die] schweizerische Neutralität als die eines freien Bundes freier Menschen [steht und fällt] damit, dass es in der Schweiz eine öffentliche Gesinnung gibt und dass diese sich durch den offenen Blick auf die Tatsachen und durch offene Aussprache der Schweizer unter sich immer wieder neu bilden kann. [...] Was hat es da für einen Sinn, dem Schweizervolk immer eifriger den Mund und die Ohren zu verbinden?[246]

Es geht um einen wichtigen Aspekt der politischen Ethik Karl Barths: Eine Demokratie funktioniert nach ihm nur, wenn ein freier, öffentlicher Diskurs stattfinden kann und wenn alle so gut wie möglich über die hängigen Staatsgeschäfte informiert sind. Eine geheime Kabinettspolitik und eine Demokratie, die diesen Namen verdient, gehen nicht zusammen.

Barth kritisierte weiter die damalige Ausländerpolitik. Mit offiziellen Reisedokumenten einreisende Deutsche würden höflich empfangen, auch wenn es sich um Nationalsozialisten handle, während Flüchtlinge ohne Papiere oft überhaupt nicht eingelassen würden. Oder man behandle die Emigranten schäbig. Im 17. und 19. Jahrhundert habe es «eine grosszügige und weitsichtige schweizerische Emigrantenpolitik» gegeben. Was man heute in dieser Sache tue, könne man «bei allem Verständnis für die vorhandenen Schwierigkeiten» weder als grosszügig noch als weitsichtig bezeichnen.

In einem fünften und letzten Punkt kritisierte Barth, wie weit die Schweiz dem Dritten Reich wirtschaftspolitisch entgegenkam, obschon er nicht bestritt, dass gewisse

Konzessionen unvermeidlich waren. Mit dem Export landwirtschaftlicher und industrieller Produkte entlaste die Schweiz «den Arbeitsmarkt der Achsenländer in dem Sinn, dass jede Hand, die [in der Schweiz] an diesen Lieferungen beteiligt [sei], draussen eine Hand [...] für die Aufgaben der Kriegswirtschaft» frei mache. Und so diene die Schweiz «unsinnigerweise indirekt der Kriegführung gegen England». In äusserster Pointiertheit fragte Barth, ob es von Gutem sein könne, «dass man das Schweizervolk durch Geheimhaltung der Aussenhandelsstatistik» hindere, «um diese Tatsache wenigstens zu wissen». Ob es denn nicht anders gehe, «als dass die Schweiz dem Ausland [...] ganz oder halbfertiges Kriegsmaterial» liefere.

Besonders empört haben muss es die Behörden in Bern, dass Karl Barth offen ausplauderte, dass die Eidgenossenschaft dem deutschen Reich «zwischen 800 und 1000 Millionen Schweizerfranken» vorgeschossen habe und dass die Eidgenossenschaft damit «zur Geldgeberin der Achsenmacht und so auch in dieser Hinsicht zur Kriegshelferin geworden» sei. Die Frage sei weniger wichtig, ob die Schweiz das Geld je wieder zurückerhalten werde. Viel wichtiger sei die «Frage, ob es gut und heilsam» sei. Auf diesem Weg werde man «offenbar in aller Stille und ganz allmählich aus einem unabhängigen zu einem abhängigen Staat.»[247]

Alles in allem: Der Vortrag zeigte einen verblüffend hellsichtigen Barth – nicht nur theologisch, sondern auch politisch. Noch zwei weitere ausführliche Beispiele von politischen Äusserungen Barths aus der gleichen Periode seines Lebens: Am Bettag 1942 publizierte Barth in St. Gallen ein achtseitiges Flugblatt, in welchem die Worte stehen:

[Das Erbe unseres Landes hat] ein Loch bekommen [...], das, wenn überhaupt, für längste Zeit nicht mehr zu flicken sein wird. Wir haben uns die offizielle Unwahrheit ausgedacht

und zu eigen gemacht, dass der heute die Welt bewegende
Kampf um Recht oder Unrecht ... uns auch innerlich nichts
angehe. Wir haben ein neues, selbstsüchtig auf seine eigene
Erhaltung bedachtes Schweizertum, ... ein neues, der verfolg-
ten Freiheit nur noch wenig tröstliches und hilfreiches Asyl-
recht erfunden und als gültig erklärt.[248]

Für die Sammlung der Flüchtlingshilfswerke, die einen
Monat später, am 22. Oktober 1942, begann, schrieb
Karl Barth:

Die Flüchtlinge gehen uns an: nicht darum, weil sie gute,
wertvolle Menschen, sondern darum, weil sie heute in der
ganzen Welt die Geringsten, die Elendesten sind und als
solche an unsere Türe klopfen [und weil ihr] unzertrennlicher
Gefährte der Heiland ist. Sie gehen uns an: nicht obwohl sie
Juden, sondern gerade weil sie Juden und als solche des
Heilands leibliche Brüder sind. [...] Die Flüchtlinge tun uns
(ob sie es wissen oder nicht) die Ehre an, in unserm Land
einen letzten Hort des Rechtes und des Erbarmens zu sehen
und aufzusuchen. [...] Wir sehen an den Flüchtlingen, was
uns bis jetzt wie durch ein Wunder erspart geblieben ist. Es
ist wohl wahr, dass es heute auch uns nicht zum Besten geht.
Es ist aber wiederum wahr: es geht uns immerhin noch so
gut, dass wir diesen unglücklichen Menschen als die Wohl-
versorgten, ja Reichen gegenüberstehen. Können wir das aus-
halten, ohne ihnen nach besten Kräften helfen zu wollen?[249]

Es war die Zeit, in der die Schweizer Grenzen für jüdische Flüchtlinge hermetisch abgeriegelt waren. Wenn
man die Sätze heute liest, bedauert man, dass die
Schweizer Behörden in jenen kritischen Jahren nicht
doch ein wenig wohlwollender auf die «Schweizer
Stimme» des unbequemen Theologen hörten.
    In einem Brief kurz vor Ende des Zweiten Weltkrie-
ges sagte er, als Schweizer werde er «für alle Zeiten
mitverantworten und irgendwie mitausessen müssen»,

was der Bundesrat «in diesen Jahren in Gestaltung des schweizerischen Gesichtes vor der Welt angerichtet» habe[250]. Oder eine noch schärfere Formulierung in einem Interview in der «Weltwoche» zu Weihnachten 1946: Der Rhein werde «es nicht abwaschen», dass die Schweiz «an die 100 000 Flüchtlinge zurückgewiesen» habe. Die «Behandlung der Aufgenommenen» sei «unwürdig» gewesen[251].

9

FÜR EINE NEUE FREUNDSCHAFT MIT DEUTSCHLAND

«Eine schweigende, eine dem Zeitgeschehen bloss zuschauende Gemeinde wäre nicht die christliche Gemeinde.»[253] Dieses Barth-Zitat würde sich als Motto für alle Kapitel dieses Buches eignen. Mit dieser Begründung mischte sich Karl Barth als christlicher Theologe und Seelsorger immer neu in sogenannte «weltliche» Angelegenheiten ein – als Pfarrer in Safenwil in die Lage der Textilarbeiterinnen und Textilarbeiter, als Professor in Bonn in die Auseinandersetzungen um den Nationalsozialismus und nach seiner Rückkehr in die Schweiz in die Art und Weise, wie man hier mit der nationalsozialistischen Bedrohung umging. Der Satz stammt aus einem Vortrag Barths vom 23. Juli 1944 beim kirchlichen Bezirksfest Oberaargau in der Kirche Dürrenroth: «Verheissung und Verantwortung der christlichen Gemeinde im heutigen Zeitgeschehen.» Seit seinem für die offizielle Schweiz so unbequemen Vortrag «Im Namen Gottes des Allmächtigen» vom 6. Juli 1941 hatte Barth öffentlich keinen politischen Vortrag mehr gehalten, da er unter Redeverbot stand. (Nur im englischen Radio konnte man seine politische Meinung noch vernehmen – zum Ärger der Schweizer Behörden.) Bei seinem Besuch in der St. Mangenkirche in St. Gallen am 4. Januar 1943 sprach er ganz «zahm»-theologisch über das Thema «Gemeinschaft in der Kirche»[254]. Aber am 31. Januar 1943 kapitulierten die deutschen Truppen bei Stalingrad. Der Krieg wendete sich zu Gunsten der Alliierten. Am 6. Juni 1944 begann die Invasion in der Normandie. Karl Barth durfte wieder reden.

Barth sagte in seinem Vortrag vom 23. Juli 1944, Gott habe uns «die Zeit nicht gegeben» und uns «am Zeitgeschehen nicht dazu beteiligt, damit wir täten, als ob uns Alles nichts anginge.» Wer hier «das Menschliche nicht sehen» wolle – «als ob er selber nicht auch menschlich wäre!» – der würde «allerdings bestimmt auch das Göttliche» verfehlen[255]. Weil nach dem Bekenntnis des christlichen Glaubens Gott in Jesus Christus ein Mensch geworden ist, gehörten für Karl Barth das Göttliche und das Menschliche untrennbar zusammen.

Lieber soll [die christliche Gemeinde] dreimal zu viel für die Schwachen eintreten, als einmal zu wenig, lieber unangenehm laut ihre Stimme erheben, wo Recht und Freiheit gefährdet sind, als etwa angenehm leise![256]

Vielleicht den besten Kommentar zu diesen programmatischen Sätzen in Barths Dürrenrother Vortrag schrieb er selbst im Jahr 1955, als er notierte, dass «Bekehrung und Erneuerung» kein «Selbstzweck» sei, «wie ein allzu egozentrisches Christentum» es oft missverstanden habe. Es genüge nicht, wenn ein Einzelner sich nur «um seinetwillen und für sich selbst» und nicht «zu Gott dem Herrn» bekehre. Erforderlich sei die Bekehrung zum Eintritt in den «Dienst» an der Sache Gottes auf Erden und zum «Zeugnis» für diese Sache gegenüber dem ganzen «Kosmos»[257]. «In Ganzheit sich bekehrend und erneuernd» habe «der Mensch in und mit seiner persönlichen» auch seine «öffentliche Verantwortlichkeit» zu übernehmen[258]. Es ist dies ein Thema, das sich durch Barths ganzes Lebenswerk hindurchzieht.

Gegen Ende des Krieges wandte sich Karl Barth einer damals neuen Fragestellung zu: Die Niederlage Deutschlands und der Zusammenbruch des Nationalsozialismus waren nur noch eine Frage der Zeit. Das Verhältnis zu Deutschland wurde deshalb zu einem zentralen Thema. Nun war fast allen in der Schweiz sonnenklar, dass das nationalsozialistische Deutschland oder sogar Deutschland allgemein abzulehnen oder zu verdammen sei. Barth selbst erzählte aus der damaligen Zeit die folgende Episode:

Es geschah in Basel, dass in und neben dem freundschaftlich aufgenommenen Strom elsässischer Flüchtlinge auch ein Trupp abgedrängter deutscher Soldaten über unsere Grenze kam. Ein SS.-Offizier hatte sie daran hindern wollen. Sie hatten ihn niedergeschossen. Sie waren offenbar nicht nur kriegsmüde, sondern auch hitlermüde. Sie trugen aber noch immer die deutsche Uniform. Dieselben Leute sind dann auf den Strassen einer unserer Vorstädte vom schweizerischen Publikum – es sollen besonders Frauen gewesen sein – als Träger dieser Uniform beschimpft, beleidigt und bespieen worden.[259]

Karl Barth, der zu Ende der 30er Jahre und am Anfang der 40er Jahre unermüdlich zum Widerstand – auch zum bewaffneten Widerstand – gegen Deutschland aufgerufen hatte, gab seinen politischen Interventionen eine neue Richtung: *Auch das jetzt am Boden liegende deutsche Volk verdient Menschlichkeit* und nicht nackte Rachsucht. In seinem Vortrag in Dürrenroth sagte Barth, dass Jesus Christus, «die Versöhnung für unsere Sünden», auch die Deutschen angehe, «*auch den unglücklichen Mann, in dessen Namen sich alles Schreckliche dieser Jahre für uns zusammengedrängt» habe»*[260] – gemeint war Adolf Hitler (eigenartigerweise drei Tage nach dem missglückten Attentat auf diesen vom 20. Juli 1944).

Besonders aufschlussreich ist der grosse Vortrag Barths «Die Deutschen und wir», den er in den Monaten Januar und Februar 1945 auf französisch und deutsch in Couvet, Neuenburg, Schönenwerd, Rohrbach, Olten, Arlesheim, Aarau, Genf, Le Locle, La Chaux-de-Fonds, Bern, Glarus und zuletzt in St. Gallen hielt[261]. In St. Gallen war die riesige St. Laurenzenkirche überfüllt[262]. Die Leute hörten atemlos zu, obschon der Vortrag ungewöhnlich lang war. Die zahlreichen Orte, an denen Karl Barth sprach, zeigen einerseits, wie wichtig *ihm* der Vortrag war, und anderseits, wie intensiv die *Öffentlichkeit* an seinen damals wohl für viele ungewohnten Gedankengängen Anteil nahm. Barth versuchte in diesem Vortrag, die innere Lage des am Boden liegenden Deutschlands zu schildern, und stellte die These auf: *Das deutsche Volk braucht jetzt ganz besonders die Freundschaft seines Nachbars.* Es könne «keinen noch so gerechten Zorn geben, über den [man] die Sonne nun wirklich untergehen lassen» dürfe[263]. Man wisse ja nicht, «wo der deutsche Arbeiter, der deutsche Bauer, der deutsche Pfarrer, die deutsche Frau heute eigentlich stehen und zu suchen» seien[264]. Was die Deutschen nötig hätten, seien «Freunde»[265]. Und die Schweizerinnen und Schweizer seien ihnen eine neue Freundschaft schuldig[266]. Karl Barth leugnete zwar nicht, dass im Zusammenhang mit dem Schicksal des deutschen Volkes auch das Wort «Schuld» Verwendung finden musste[267]. Er wollte ihm nicht sentimental und weich gegenübertreten. Zu «aufrichtiger Freundschaft» gehöre «bekanntlich auch», dass man dem anderen gelegentlich widerspreche und dass man ihm *dann* «aufs Bestimmteste» widerspreche, wenn er den Widerspruch «um seiner selbst willen» brauche[268].

Besonders zentral und in einem gewissen Sinn auch spektakulär waren die folgenden Sätze, die Barth in Anlehnung an Matthäus 11, 28ff als *Christusrede an die Adresse der Deutschen* stilisierte:

Her zu mir, ihr Unsympathischen, ihr bösen Hitlerbuben und -mädchen, ihr brutalen SS.-Soldaten, ihr üblen Gestaposchurken, ihr traurigen Kompromissler und Kollaborationisten, ihr Herdenmenschen alle, die ihr nun so lange geduldig und dumm hinter eurem sogenannten Führer hergelaufen seid! Her zu mir, ihr Schuldigen und Mitschuldigen, denen nun widerfährt und widerfahren muss, was eure Taten wert sind! Her zu mir, ich kenne euch wohl, ich frage aber

nicht[,] wer ihr seid und was ihr getan habt, ich sehe nur,
dass ihr am Ende seid und wohl oder übel von vorne anfan-
gen müsst, ich will euch erquicken, gerade mit euch will ich
jetzt vom Nullpunkt her neu anfangen! [...] Ich bin für euch!
Ich bin euer Freund![269]

Es ist dies eine herausfordernde Kombination von einerseits ungeschminktem Aussprechen deutschen Versagens und anderseits überschwenglichem Angebot eines
religiös begründeten Neuanfangs aus freier Gnade.

Im zweiten Teil seines grossen Vortrags sprach Barth
dann sehr eindringlich vom *schweizerischen* Versagen
während des Zweiten Weltkriegs: «Das offizielle Gesicht der Schweiz» – und auf dieses komme es leider an –
sei «in diesen Jahren zwar sicher ein sehr schlaues» aber
leider alles in allem doch ein «allzu schlaues» gewesen.
Die Schweizerinnen und Schweizer hätten sich «nur als
Schweizer benommen und bewiesen in diesen Jahren
und nicht als gute Europäer.» Eben darum hätten sie sich
«in diesen Jahren auch nicht als wirklich gute Schweizer
benommen und bewiesen.»[270]

[...] das Gebet: Gott erbarme sich der Deutschen! [wäre] sehr
unangebracht [...], wenn es nicht in dem aufrichtigsten
Miserere nobis! [Erbarme dich unser!] *begründet wäre*
und also umfassend das bedeuten würde, dass Gott sich unser
Aller *erbarmen möge.*[271]

Das Besondere an dieser Rede besteht darin, dass sie
Deutschland gegenüber zwar durchaus kein Blatt vor
den Mund nimmt. Einmal heisst es unüberbietbar scharf,
dass nicht nur eine Verbundenheit, sondern sogar eine
Identität von Nationalsozialismus und «Unmenschlichkeit»
postuliert werden müsse[272]. Und doch verfiel Barth nie
einer herablassend-belehrenden Haltung gegenüber
Deutschland. Er versuchte, wirklich als Freund zu spre-

chen, da er sich auch der schwachen Seiten und des Versagens der Schweiz und der Schweizerinnen und Schweizer bewusst war.

Nur kurz das Folgende: Es versteht sich eigentlich von selbst, dass Barths Vortrag «Die Deutschen und wir» *nach* dem Krieg auch in Deutschland zur Kenntnis genommen wurde. Und dort haben – nicht alle, aber – viele die Hand, die Barth ihnen entgegenstreckte, nicht ergriffen – oder nur halb ergriffen. Barth erhielt Briefe, in denen ihm vorgeworfen wurde, dass er das deutsche Volk zu heftig kritisiere. Als besonders irritierend sei der wissenschaftlich bedeutende deutsche Professor für alttestamentliche Wissenschaft Friedrich Baumgärtel mit Sätzen von 1958 zitiert:

[...] wer ist Karl Barth, dass er uns Deutsche im Geschehen des Zusammenbruchs attackiert [...]. Hätte er doch ... geschwiegen, ehe er belehrend ... in eine Welt hineinredete, die ihm völlig unbekannt war ..., der niemals in seinem Leben im furchtbaren Geschehen einer Schlacht und in den unsäglichen soldatischen Strapazen gewesen ist, der niemals in jahrelanger bedrückender und jedes menschliche Frohwerden lähmender Zerrissenheit des Herzens in einer von ihrer Führung her des militärischen und menschlichen Ethos beraubten Armee soldatischen Dienst hat tun müssen, der niemals in seinem Leben auch nur eine Stunde in einem unter dem Bombeneinschlag schwankenden und mit atemerstickendem Staub angefüllten Keller zugebracht hat, der nie in seinem Leben Nächte und Wochen lang ohne ausreichenden Schlaf war, der nie gehungert und nie gefroren hat, der nie eigene Kinder in der Hitlerjugend, im Arbeitsdienst, im Feld gehabt hat – hätte er doch erst einmal still und lange, lange in diese ihm völlig unbekannte Welt hineingehört, um wenigstens ein Tüpfelchen vom deutschen Menschen damals zu erfassen! ... Wer ist Karl Barth, dass er uns Deutsche Anfang 1945 attackiert hat![273]

Ähnlich verhielt es sich mit Landesbischof Theophil Wurm[274], der in seinen Lebenserinnerungen Karl Barth ein «totalitäres» Denken vorwarf. Zu Barths Rolle im Jahr 1934 sagte er, Wurms eigenes Anliegen sei es gewesen «ein friedliches Verhältnis zum [Hitler-]Staat» zu finden; «im Lichte Barthscher Gedanken» sei es leider aber nicht möglich gewesen, «innerhalb der Kirche Toleranz im Sinne des Liberalismus» zu gewähren. Die geistige «Verwandtschaft» der Theologie Karl Barths «mit dem totalitären Staat» sei zu gross gewesen. Gerade weil Barth «auch totalitär dachte», habe er sich nicht «auf eine mittlere Linie» einlassen können[275]. Wie wenn es real möglich gewesen wäre, einen tragbaren Kompromiss zwischen dem christlichen Glauben und dem menschenverachtenden Nationalsozialismus zu schliessen!

Ein weiteres Beispiel für deutschen «Undank»: In seinem Bestseller «Die Sache mit Gott», der das Barth-Bild in Deutschland bis heute in weiten Kreisen bestimmt, prägte der deutsche Publizist Heinz Zahrnt die Formulierung: «[...] die vielfältigen Äusserungen Barths zu aktuellen politischen Fragen, die wegen ihrer *schockierenden Mischung aus theologischer Unbefangenheit und politischer Unbedachtsamkeit* die Gemüter der deutschen Bundesbürger jedesmal heftig zu erregen pflegten»[276]. Zahrnt differenziert nicht zwischen den verschiedenen politischen Stellungnahmen Barths und nennt ihn: einseitig, radikal, grossartig und geistreich[277], was ambivalente Adjektive sind. «Von der Menschwerdung Gottes» wisse Barth «eigentlich nichts. Bei ihm gehe Gott «nicht wirklich in die Geschichte» ein[278]. Man dürfe Barth «nicht als Systematiker», man müsse ihn als einen «Propheten» nehmen[279], was natürlich abwertend gemeint ist. Die «formalistische Übertreibung und Gekünsteltheit» der «Kirchlichen Dogmatik» verrate einen «tiefer gelegenen grundsätzlichen Fehler» der Theologie Karl Barths, nämlich jene «Geschichtslosigkeit», die Zahrnt als den «Hauptschaden der ganzen Barthschen Theologie» diagnostizierte. «In der politischen Ethik» zeige diese Geschichtslosigkeit sich darin, dass «Barth bei der Beschreibung des christlich-politischen Entscheidens und Handelns fast keine Rücksicht auf die Struktur der Welt» nehme[280]. Zahrnt fixierte sich einseitig auf besonders «steile» und aus dem Zusammenhang gerissene Aussagen Barths aus der Zeit der Römerbriefkommentare und nahm nicht zur Kenntnis, wie zentral die Menschwerdung Gottes – und damit «Die Menschlichkeit Gottes»[281] – in der «Kirchlichen Dogmatik» wurde. Der Begriff «Geschichtslosigkeit» ist im Zusammenhang mit Barth unzutreffend, weil nach Barth Gott selbst in Christus in die Geschichte eingeht und sich ihren Bedingungen unterwirft. Die Meinung, «dass Gott durchaus nur absolut im Gegensatz zu allem Relativen, durchaus nur unendlich unter Ausschluss aller Endlichkeit, durchaus nur hoch im Gegensatz zu aller Niederigkeit, durchaus nur tätig im Gegensatz zu allem Leiden, durchaus nur unberührt im Gegensatz zu aller Anfechtung, durchaus nur transzendent im Gegensatz zu aller Immanenz, und so auch: durchaus nur göttlich im Gegensatz zu allem Menschlichen» sei, ist besonders nach dem reifen Barth «unhaltbar, verkehrt und heidnisch.»[282] Angesichts dessen, wie intensiv Barth nach dem Zweiten Weltkrieg auf das deutsche Volk in seinen konkreten Strukturen einzugehen versuchte, bleibt hier nur die Bemerkung: Undank ist der Welt Lohn.

Wie unverbrüchlich Barths Freundschaft mit Deutschland trotzdem war, geht unter anderem daraus hervor, dass er sowohl im Sommersemester 1946 als auch im Sommersemester 1947 nach Bonn zurückkehrte, von wo er 1935 mit Schimpf und Schande vertrieben worden war. Vor zahlreichen Studierenden trug er seine «Dogmatik im Grundriss» und «Die christliche Lehre nach dem Heidelberger Katechismus» vor.

10

ZWISCHEN OST- UND WESTBLOCK

Die politische Situation und das öffentliche Bewusstsein
wandelten sich nach dem Zweiten Weltkrieg sehr schnell.
Als Folge von Jalta konnte die Sowjetunion unter Stalin
einen Gürtel abhängiger und gleichgeschalteter Satelli-
tenstaaten an ihrer Westflanke errichten. Eben noch war
der Nationalsozialismus die grosse Gefahr gewesen,
schon kam es zur Konfrontation zwischen Ost- und
Westblock. Viele erwarteten nun von Karl Barth, dass er
seine Stimme ebenso heftig wie vorher gegen den Nationalsozialismus auch gegen den Kommunismus erheben würde. Sie wurden enttäuscht. Barth hielt keine
einzige Rede und schrieb keinen einzigen Artikel in
dieser Richtung. Unter dem Titel «Wie soll man das
verstehen?» richtete der Zürcher Theologe Emil Brunner
1948 einen offenen Brief an Barth, in dem er ihm ans
Herz legte, viele seiner theologischen Weggefährten
nähmen seine «Stellung zum politischen Problem der
Kirchen unter dem Sowjetstern» mit höchstem Befrem-
den zur Kenntnis[283]. Ein Kirchenvorsteher in Wattwil
ging noch weiter als Brunner, indem er behauptete, die
«Kirche Karl Barths» paktiere «mit dem Kommunismus»[284].
   Besonders schwerwiegend (auch auf Grund der ho-
hen Stellung dessen, der sie äusserte) waren Vorwürfe
an die Adresse Barths von Markus Feldmann, Berner
Regierungsrat – ab 1952 Mitglied der schweizerischen
Landesregierung. Am 13. September 1950 erklärte er
vor dem Berner Grossen Rat, Vertreter der Theologie
Karl Barths legten «nicht nur eine betont wohlwollende
Neutralität gegenüber dem Kommunismus an den
Tag», sondern sie bezeugten «auch gegenüber den

freiheitlich-demokratischen Grundlagen unseres Staats ein ebenso betontes Desinteresse». Feldmann sprach darüber hinaus von einer «*auffallende[n] Verbeugung, die am Kirchensonntag vom 6. Februar 1949 Professor Karl Barth im Berner Münster vor Stalin [gemacht habe]*»[285]. Was hatte Karl Barth *wirklich* gesagt? Die folgende Stelle seiner Rede zum besagten «Kirchensonntag» erregte damals grosses Aufsehen:

Es entbehrte nun wirklich alles Sinnes, wenn man den Marxismus mit dem ‹Gedankengut› des Dritten Reiches, wenn man einen Mann von dem Format von Joseph Stalin mit solchen Scharlatanen wie Hitler, Göring, Hess, Goebbels, Himmler, Ribbentrop, Rosenberg, Streicher usw. es gewesen sind, auch nur einen Augenblick im gleichen Atem nennen wollte.[286]

Wenn man diesen Abschnitt *heute* liest, wird deutlich, dass Karl Barth mit der Wendung ein «Mann von dem Format von Joseph Stalin» über das Ziel hinausschoss. Sie war ein Fehlurteil und stiess seine Kritiker von Emil Brunner bis zu Markus Feldmann mit Grund vor den Kopf. Spätestens seit «Der Archipel Gulag» von Alexander Solschenizyn (auf deutsch erschienen 1974) ist heute allgemein bekannt, dass Stalin ein skrupelloser Diktator war. Und man konnte es 1949 schon wissen, wenn man an die Moskauer Schauprozesse in den 30er Jahren dachte. Doch auch das Folgende ist zu bedenken: Karl Barth hatte rhetorisch übertrieben. Wer aber Karl Barth *sorgfältig* und darüber hinaus nicht übelwollend las, konnte unmöglich einen Stalinisten in ihm erkennen.

Bereits 1938, in seinem berühmten Brief an Josef Hromádka, hatte er geschrieben, angesichts der Bedrohung durch Adolf Hitler denke man nicht gerne an die «Möglichkeit russischer Hilfe», weil sie «die Austreibung des Teufels durch Beelzebub bedeuten würde»[287]. Beelzebub bedeutet ja: der Teufel! Dazu kommen zahlreiche weitere Äusserungen Barths, die in die gleiche Richtung zielen.

Man lese vorerst den *ganzen* Abschnitt, in dem die verunglückte Wendung «ein[..] Mann von dem Format Joseph Stalins» steht:

[...] man [kann] vom Kommunismus eben das nicht sagen, was man vom Nationalsozialismus vor zehn Jahren sagen musste: dass es sich bei dem, was er meint *und beabsichtigt, um helle Unvernunft, um eine Ausgeburt des Wahnsinns und Verbrechens handelt. Es entbehrt nun wirklich alles Sinnes, wenn man den Marxismus mit dem ‹Gedankengut› des Dritten Reiches, wenn man einen Mann von dem Format von Joseph Stalin mit solchen Scharlatanen wie Hitler, Göring, Hess, Goebbels, Himmler, Ribbentrop, Rosenberg, Streicher usw. es gewesen sind, auch nur einen Augenblick im gleichen Atem nennen wollte. Was in Sowjetrussland – es sei denn: mit sehr schmutzigen und blutigen Händen, in einer uns mit Recht empörenden Weise – angefasst worden ist, das ist immerhin eine konstruktive Idee, immerhin die Lösung einer Frage, die auch für uns eine ernsthafte und brennende Frage ist und die wir mit unseren sauberen Händen nun doch noch lange nicht energisch genug angefasst haben: der sozialen Frage. [...]. [...] solange es im Westen noch eine ‹Freiheit› gibt, Wirtschaftskrisen zu veranstalten, eine ‹Freiheit›, hier Getreide ins Meer zu schütten, während dort gehungert wird, so lange ist es uns jedenfalls als Christen verwehrt, dem Osten ein unbedingtes Nein entgegenzuschleudern.*[288]

Wenn man den Text langsam und sorgfältig zur Kenntnis nimmt, stellt man fest: Es ging selbstverständlich *nicht* um eine Rechtfertigung des Stalinismus (oder gar der Greueltaten des Stalinismus). Karl Barth sprach ausdrücklich von den «sehr schmutzigen und blutigen Händen» des kommunistischen Regimes. Er war aber der Meinung: Der Nationalsozialismus mit seinem Mythos vom arischen Herrenmenschen und mit seinem zerstörerischen Antisemitismus hatte im Unterschied zum Marxismus nicht einmal eine gute *Absicht*. Eine Ideologie, die davon ausgeht, dass Vertreterinnen und Vertreter gewisser Völker und Rassen *grundsätzlich* lebensunwert sind, ist von Grund auf böse. Beim Marxismus (nicht bei der Person Joseph Stalin) standen jedenfalls am Anfang hohe Ideale – vor allem beim jungen Karl Marx in seinen Pariser Manuskripten. Marx empörte sich mit Recht über das schreiende Unrecht an der Fabrikarbeiterschaft im Zeitalter der frühen Industrialisierung.

Man lese in Marx' Hauptwerk, «Das Kapital», wo er beschreibt, wie um «2, 3, 4 Uhr des Morgens [...] Kinder von 9 bis 10 Jahren ihren schmutzigen Betten entrissen und gezwungen» werden, für den nackten Lebensunterhalt «bis 10, 11, 12 Uhr nachts zu arbeiten, während ihre Glieder wegschwinden, ihre Gestalt zusammenschrumpft, ihr Gesichtszüge abstumpfen und ihr menschliches Wesen ganz und gar in einem steinähnlichen Torpor erstarrt, dessen blosser Anblick schauderhaft ist.»[289] Karl Marx analysierte die Missstände auf das Schärfste und entwickelte ein bedenkenswertes Modell zur Lösung der von ihm gezeichneten Problematik. Wenn der Marxismus im Russland des 20. Jahrhunderts zu einem unmenschlichen System entartete, entsprach das nicht dem Willen seines Begründers (auch wenn der alte Marx gewisse Verhärtungstendenzen an den Tag legte). Rosa Luxemburg (1870–1919) etwa zeigt, dass die Gedanken von Marx auch in eine andere Richtung entwickelt werden konnten als in Russland. Jedenfalls: *die soziale Frage gab es wirklich!*

Darum ging es Karl Barth. *Deshalb* weigerte er sich, Marxismus und Nationalsozialismus als gleichwertig zu behandeln. Karl Barths Kritiker in den 50er Jahren übersahen jedoch: Der real existierende Sozialismus im Ostblock wurde von ihm *nicht* romantisch verklärt. Kurz vor der damals viele so verärgernden Bemerkung über Joseph Stalin sagte Barth in der gleichen Rede, die Gestalt des in Russland herrschenden Kommunismus zeige der Welt «abscheu- und entsetzenerregend», was «asiatische Despotie, Verschlagenheit und Rücksichtslosigkeit» fertig bringen könnten[290]. Die gleiche Haltung Barths findet sich in seiner Antwort an Emil Brunner von 1948, in der er ausdrücklich festhielt, dass er «die Lebensordnung der Menschen unter der Sowjetmacht und in den ihr angegliederten ‹Volksdemokratien› für keine würdige, keine annehmbare, keine von uns gut zu heissende» Lebensform halte. Sie widerspreche «unseren wohlbegründeten Begriffen von Recht und Freiheit». Wer eine «politische Absage» an das System und an die Methoden des Kommunismus von ihm erwarte, könne sie «sofort haben»[291]. Das kommunistische System sei ein leicht durchschaubarer «Unfug»[292].

An die Adresse der Kirchenvorsteherschaft Wattwil schrieb Barth am 23. Dezember 1948, er «halte den Kommunismus für keine gute Sache», aber er sei dagegen, dass so viele Leute sich über den Kommunismus aufregten, «als ob das etwas kosten, als ob damit etwas besser und als ob das Jemandem etwas helfen würde». Er sei «gegen alle *Angst* vor dem Kommunismus. Ein Volk, das ein gutes Gewissen [habe], dessen demokratisches und soziales Leben in Ordnung [sei, brauche] keine Angst vor ihm zu haben. Und so erst recht nicht eine Kirche, die des Evangeliums von Jesus Christus gewiss» sei[293].

Entsprechend tönt es in einem Brief an einen deutschen Theologen vom 17. Oktober 1950: «Wer den Kommunismus nicht [wolle] – und wir wollen ihn alle nicht –, der trete gerade nicht gegen ihn in die Schranken, sondern für einen ernsthaften Sozialismus!» Es gebe dem Kommunismus gegenüber «letztlich und im Grunde nur die positive Abwehr [...], die in der Schaffung gerechter, für alle Schichten der Bevölkerung tragbarer sozialer Verhältnisse» bestehe[294]. Barth war gegen einen *billigen* Antikommunismus.

Angesichts unqualifizierter Äusserungen in der Schweiz gegenüber den Kirchen im Ostblock wollte er auch nicht je nach Weltgegend verschiedene Massstäbe angewendet wissen. Den Kirchen im Ostblock warf man vor, sie seien gegenüber dem eigenen politischen System zu wenig kritisch, während die gleichen Leute im Westen, sobald es sie selbst anging, sich oft ihrerseits keinesfalls als mutig erwiesen. In der Zeit der Bedrohung durch den Nationalsozialismus hatte man das erlebt. Barth warnte davor, «von den Christen in Ungarn Entscheidungen und Schritte (auch Unterlassungen!) zu erwarten», die man selbst, wenn man im Osten leben müsste, auch nicht «wagen würde»[295].

Für Karl Barth war damals, in den 50er Jahren, der Kommunismus in der Schweiz nicht eine so grosse Gefahr, wie viele glaubten. Solange in einem Land einigermassen soziale Verhältnisse herrschten – und das war in der Schweiz der Fall –, musste die Gefährdung durch den Kommunismus nicht das wichtigste Problem sein.

In einem Fernsehinterview im Mai 1966 wurde der achtzigjährige Barth gefragt, weshalb er dem Kommunismus nicht ein so klares Nein wie seinerzeit dem Nationalsozialismus entgegenstelle. Barth antwortete, er lebe «ja nicht in einem kommunistischen Land»[296]. Die Gefahr für den Westen sei «ganz bestimmt nicht der Kommunismus». Sondern wenn eine Gefahr drohe, so bestehe sie in einem gewissen «Wohlbehagen», in welchem der Mensch dahinlebe und in Gefahr stehe, die Tiefendimension des Lebens zu vergessen. Er, Barth, «trage nicht gern Scheite in ein ohnehin brennendes Feuer. Wer wäre nicht gegen den Kommunismus?»[297]

Am 3. Juni 1959 sagte Barth bei einem Gespräch in der «Zofingia», es sei nicht nötig, auch noch «ins gleiche Horn zu blasen und Verurteilungsartikel zu schreiben» in einer Gesellschaft, in der «sich sozusagen jedermann über den Kommunismus einig» sei. Zur «Zeit des Nationalsozialismus» sei es anders gewesen. Damals habe «eine akute Gefahr» geherrscht, da viele in ganz Europa «weich geworden» seien und «Vorschläge für Anpassungsversuche» gemacht hätten – «auf Grund einer Faszination oder [aus] Angst vor einem Angriff»[298].

Am 18. November des gleichen Jahres liess er ebenfalls in der «Zofingia» verlauten, am schlimmsten sei, dass man jeweils protestiere, wenn es nichts koste und wenn man nicht helfen müsse. Im Zweiten Weltkrieg habe Leisetreterei geherrscht, «um die Deutschen nicht zu verärgern». Das sei «schon im Abessinien-Konflikt» so gewesen, als man im Falle eines Protestes «wirtschaftliche Nachteile hätte in Kauf nehmen müssen». Er, Karl Barth, werde «seinen Mund schon auftun, wenn die Sowjets am Bodensee stehen» würden. Er werde dann allerdings vielleicht «der einzige Schweizer sein», der es tue[299]. Der letzte Satz war natürlich als Scherz gemeint.

Bis zur Wende im Jahr 1989 pflegten Apologeten des Kommunismus (im Osten und im Westen) so zu argumentieren: Die gegenwärtige Generation müsse eben «Opfer» bringen, damit später einmal die «vollkommene» Gesellschaft errichtet werden könne. Wo gehobelt werde, fielen Späne – ein Sprichwort, das auch im Zusammenhang mit den Menschenrechtsverletzungen des Nationalsozialismus verwendet worden war. Im Sommer 1946 wandte Barth gegen dieses Denkmuster ein, dass «der Mensch, die Menschenwürde [und] das Menschenleben in der Gegenwart» nicht «zunächst einmal mit Füssen getreten werden» dürften, wenn es um die «Erhebung und das Wohl künftiger Menschengenerationen» gehe[300]. Sogar das Recht werde da «zum Unrecht», wo es als abstrakte Form herrsche, und nicht «als Menschenrecht der Begrenzung und Bewahrung» des Menschen diene[301]. Der Mensch, «auch der elendeste

Mensch – gewiss nicht des Menschen Egoismus aber des Menschen Menschlichkeit» – müsse «gegen die Autokratie jeder blossen Sache resolut in Schutz genommen werden». Der Mensch habe «nicht den Sachen», sondern die Sachen hätten «dem Menschen zu dienen»[302]. Diese Sätze prangern *allgemein* die Verletzung der Menschenwürde an – auch mit einer angeblich oder wirklich *guten* Absicht –, bedeuten zugleich jedoch eine eindeutige Absage an den Stalinismus.

Ein anderer Aspekt: Während Karl Barth im Westen Ärgernis erregte, weil er nicht ins gleiche Horn wie die Antikommunisten stiess, redete er eine sehr andere Sprache mit seinen Freunden hinter dem Eisernen Vorhang. Besonders enge Kontakte pflegte Barth mit der ungarisch-reformierten Kirche. Im Frühling 1948 unternahm er eine ausgedehnte Reise durch Ungarn. Das Land war damals in den Sog des Kommunismus geraten. Vor ungarischen Studenten dachte er laut darüber nach, welche Staatsform für ein Ungarn der Zukunft erstrebenswert sei, und führte aus, die Zukunft wäre keine gute Zeit, «wenn es in ihr für einen auf den frei gebildeten und frei sich aussprechenden Volkswillen begründeten föderativen Rechtsstaat wie die schweizerische Eidgenossenschaft keinen Raum mehr» gäbe. «Sie könnte vor allem dann keine gute Zeit werden, wenn das Evangelium von Jesus Christus, die Botschaft von der freien Gnade, das Wort vom Christenmenschen, der zugleich im Glauben ein Herr aller Dinge und in der Liebe ihr Knecht ist, in ihr verstummen» würde[303]. Karl Barth nahm hier also eindeutig Stellung für eine Demokratie schweizerischen Zuschnitts. Wichtig war ihm die Glaubens- und Gewissensfreiheit und die Garantie der Meinungsvielfalt. Es gehe nicht an, den freien Diskurs zwischen den verschiedenen politischen Richtungen zu unterdrücken.

Ein besonders grundlegender Text ist Barths Vortrag «Die christliche Gemeinde im Wechsel der Staatsordnungen», den er im März 1948 an zwei verschiedenen Orten in Ungarn hielt. Hier wandte er sich gleich am Anfang gegen eine «dämonisierte[.] Sprache der Propaganda»[304]. Es war ihm wichtig, dass die Menschen ein sachliches Gespräch miteinander führen. Über eine wünschenswerte Staatsform heisst es, es gebe «keine vollkommene Staatsordnung», wohl aber «bessere und schlechtere Staatsordnungen»[305]. Wer aus christlicher Perspektive über die Politik nachdenke, werde immer fragen: «[...] *was wird aus den Menschen [...]?*»[306] Die christliche Gemeinde werde alle «als Menschen sehen und nicht als Träger eines Abzeichens, nicht als blosse Figuren und Exponenten einer ‹Sache›». «Nicht mitzuhassen, mitzulieben bin ich da.»[307] Der letzte Satz ist ein Vers aus der Tragöde «Antigone» von Sophokles[308]. Auffallenderweise stellte sich Barth auf seiner Ungarnreise – man denke an das bereits[309] genannte Kantzitat – auch sonst in die Tradition des europäischen Humanismus.

Nachdem Karl Barth sich in seinem Vortrag über die «Christliche Gemeinde im Wechsel der Staatsordnungen» aus Rücksicht auf die politisch schwierige Situation in Ungarn eher abstrakt geäussert hatte (hatte äussern *müssen*), wurde er in der anschliessenden Diskussion konkreter: Der Staat müsse «getragen sein» von der «freien Verantwortung der Menschen»[310]. Der Staat könne «den Menschen nicht wie eine Kappe über den Kopf gezogen werden». Ein rechter Staat werde der sein, «in dem die Begriffe: Ordnung, Freiheit, Gemeinschaft, Macht und Verantwortung» sich die Waage hielten. Keines dieser Elemente dürfe «verabsolutiert» werden und die anderen beherrschen. «Ein Staat, in welchem nur die Freiheit des Individuums gelten würde, wäre kein Rechtsstaat, sondern ein im Abgleiten in die Anarchie begriffener Staat.» Wenn in einem Staat die blosse Macht vorherrsche, dann sei er nicht ein «Rechtsstaat», sondern eine «Tyrannei». «Oder wenn in einem Staat allein das Prinzip der Gemeinschaft sich durchsetzen wollte, so hätten wir einen Ameisen-, aber keinen Rechtsstaat.»[311] Der letzte Satz richtet sich offensichtlich gegen jeden übersteigerten Nationalismus und Sozialismus.

Sätze aus Barths Vortrag «Christengemeinde und Bürgergemeinde» von 1946 liegen auf der gleichen Linie: Die «*Bürgergemeinde*» beziehungsweise der Staat sei «das Gemeinwesen aller Menschen eines Ortes, einer Gegend, eines Landes». Wesentlich sei, dass alle durch eine für alle «in gleicher Weise» gültige und verbindliche, durch Zwang geschützte und durchgesetzte «Rechtsordnung» miteinander verbunden seien. Der Zweck des Staates sei «die Sicherung sowohl der äusseren, relativen, vorläufigen *Freiheit* des Einzelnen als auch des äusseren, relativen, vorläufigen *Friedens* ihrer Gemeinschaft und insofern die Sicherung der äusseren, relativen, vorläufigen *Humanität* ihres [...] Zusammenlebens.» Die «drei wesentlichen Gestalten», in denen diese Sicherung sich vollziehe, seien die «Gesetzgebung», die «Regierung und Verwaltung» und die «Rechtspflege»[312]. Auch hier stellte sich Barth demnach ohne Vorbehalt in die Tradition des Humanismus und der Aufklärung, im besonderen des politischen Liberalismus, dessen grosse Vertreter Locke (1632–1704), Montesquieu (1689–1755) und Kant (1724–1804) sind. Barth «wollte nicht nur zwischen dem weltlichen Gemeinwesen und der christlichen Gemeinde unterscheiden – einseitig durchgeführt bedeutet das [die] Auslieferung des Politischen an seine Eigengesetzlichkeit und die Verweisung jedes einzelnen Christen auf sein privates Gewissen -, sondern [er wollte] auf Analogien zwischen beiden hinweisen.»[313] Die Bürgergemeinde ist «gleichnisfähig», fähig dazu, Wahrheit und Wirklichkeit der Christengemeinde «indirekt, im Spiegelbild zu reflektieren»[314]. Aus diesem Grund gibt es innerweltlich «Unterschiede zwischen Staat und Staat»:

Es würde [...] von der Kirche her wirklich keinen Sinn haben, zu tun, als befände sie sich dem Staat und den Staaten gegenüber in einer Nacht, in der alle Katzen grau sind.[315]

Die Phrase von der gleichen Affinität bzw. Nichtaffinität aller möglichen Staatsformen dem Evangelium gegenüber ist nicht nur abgenützt, sondern falsch. Dass man in einer Demokratie zur Hölle fahren und unter einer Pöbelherrschaft oder Diktatur selig werden kann, das ist wahr. Es ist aber nicht wahr, dass man als Christ ebenso ernstlich die Pöbelherrschaft oder die Diktatur bejahen, wollen, erstreben kann wie die Demokratie.[316]

Es gibt schon eine Affinität *zwischen der Christengemeinde und der Bürgergemeinde der* freien *Völker!*[317]

Karl Barth wurde in Ungarn gefragt, wie man sich als Christ einem Staat gegenüber verhalten solle, der das Recht nicht achte, einem Staat gegenüber, welcher «vielleicht» ein gottloser Staat sei, einem Staat gegenüber, der sich «auf Grund seiner Weltanschauung früher oder später als Feind der Kirche» erweisen werde[318]. Barth erinnerte in diesem Zusammenhang zuerst an Apostelgeschichte 5,29: «Man muss Gott mehr gehorchen als den Menschen», und fügte hinzu, «in einer solchen Situation» komme es «für uns Christen vor allem darauf an, die Ruhe und den Humor nicht zu verlieren». Auf die Frage «Darf man einer Partei beitreten, um seine Stelle zu behalten?» – gedacht war an den Zwang, die Mitgliedschaft der kommunistischen Partei zu erwerben, wenn man Karriere machen wollte – gab Barth die Antwort, das dürfe man «nicht tun». Es sei nicht «geraten», gegen sein Gewissen zu handeln. Hier gebe es «kein Ja und Nein», sondern «nur ein Nein». Es sei «nicht gut, mit einem gebrochenen Gewissen herumzulaufen»[319].

Besonders deutlich wird Barths Haltung gegenüber dem Kommunismus in seinem Briefwechsel mit dem ungarischen Theologen Albert Bereczky. Ursprünglich empfand Barth ein grosses persönliches Wohlwollen gegenüber diesem Mann, der sich im Sommer 1944 für die Rettung der ungarischen Juden eingesetzt hatte[320]. Mit vorsichtiger Zurückhaltung unterstützte Barth im Jahr 1948 den Plan, Bereczky zum Bischof der ungarischen Reformierten zu bestellen. Im Lauf der Jahre wurde aber immer deutlicher, dass Bereczky sich völlig mit dem kommunistischen System in Ungarn identifizierte. Seit 1948 war er Mitglied des Zentralausschusses des Ökumenischen Rates der Kirchen. In dieser Eigenschaft versuchte er, gegen den Osten gerichtete Erklärungen des Weltkirchenrates zu verhindern und diesen zugleich zu antiwestlichen Stellungnahmen zu bewegen.

Bereczkys Sympathie für den Kommunismus äusserte sich darin, dass er sagte, «der die Weltgeschichte formende Gott» wolle durch den Sozialismus (gemeint ist der Kommunismus) eine «neue und gerechtere Ordnung des menschlichen Zusammenlebens» aufrichten. Die «christlichen Kirchenmänner des Westens» müssten erkennen, dass es «Sünde» sei, am politischen System des Westens festzuhalten. Dieses sei von Gott bereits «gerichtet» und deshalb «vergangen»[321].

An diesem Punkt (für Markus Feldmann wäre das eine wichtige Information gewesen) wurde Karl Barth heftig. In einem Privatbrief – nicht für die westliche (oder östliche) Öffentlichkeit bestimmt – schrieb Barth, ob Bereczky «nicht in einen schweren *theologischen Irrtum* hineinzugeraten im Begriff» sei. Er sei daran, aus seiner «Bejahung des Kommunismus ein Stück christlicher Botschaft, einen Glaubensartikel zu machen». Und dieser Glaubensartikel stelle «alle anderen in den Schatten», wie es bei der Einführung einer solchen «fremden Lehre» noch immer gegangen sei[322]. Mit dem bewusst gewählten Ausdruck «fremde Lehre» erinnerte Barth an Barmen[323] und damit an den Kirchenkampf in Deutschland. Weiter sagte Barth, von diesem neuen Glaubensartikel aus interpretiere Bereczky «das ganze Credo und die ganze Bibel»[324]. Mit anderen Worten, er sei im Begriff, «in die *ideologisch*-christliche Denkform hinzugeraten, die einst – unter anderen Vorzeichen – die[jenige] der ‹Deutschen Christen› gewesen» sei[325]. Woher er überhaupt «um ‹das Grosse›» wisse, «das ‹der die Weltgeschichte formende Gott durch den Sozialismus auf der Erde schaff[e]?›»[326]

Geht es denn im reformierten Ungarn gar nicht anders als jedesmal in so hundertprozentiger Konkordanz mit dem jeweils herrschenden Regime?[327]

Finden Sie es in der Ordnung, dass wir hier – Ihre Freunde [im Westen]! – gegen unseren Strom, Sie aber so unentwegt mit dem Ihrigen schwimmen? Nun bald sechs Jahre lang![328]

Barths Zurechtweisung Albert Bereczkys war keineswegs eine Ausnahme: Der tschechische Theologe Josef L. Hromádka, an den Barth im Herbst 1938 seinen berühmten Brief über den bewaffneten Widerstand gegen Deutschland gerichtet hatte[329], entwickelte *nach* dem Zweiten Weltkrieg (ähnlich wie Bereczky) ebenfalls kommunismusfreundliche Tendenzen. In der russischen Revolution von 1917 erblickte er so etwas wie ein «Heilsereignis». Karl Barth unterstützte nun die bedrängte evangelische Kirche in der Tschechoslowakei. Josef L. Hromádka, den er trotz seiner politischen «Schlagseiten» persönlich schätzte, pflegte er nicht öffentlich zu widersprechen. Aber auch in diesem Fall dokumentiert ein nicht für die Publikation bestimmter Privatbrief zu Weihnachten 1962, wie kritisch Barth über Hromádka dachte. Der bedeutende Brief wird in der Folge fast ungekürzt zitiert, weil Barths Haltung hier besonders klar hervortritt:

Lieber Joseph, [...]. In deinem neuesten Aufsatz [über die Kubakrise von 1962] tritt es mir fast faustdick entgegen –

negativ ausgedrückt: der Mangel eines überlegenen Ortes oberhalb des Gewölks der sich im jetzigen ‹Kalten Krieg› gegenüberstehenden und befehdenden Ideologien, Interessen und Mächte – positiv ausgedrückt: die Willkürlichkeit, in der du nicht nur für deine Person für eine dieser Fronten Partei ergreifst, sondern der Kirche und der Welt zumutest, mit dir dasselbe zu tun. Was ich für das Richtige und in Sachen des Evangeliums in der heutigen Situation sogar für das schlechthin Gebotene halte, ist [...]: eine Stellungnahme, in der wir mit unserem Wort, um Gottes willen solidarisch mit dem Menschen als solchem (und also mit den Menschen zur Rechten und zur Linken, den Leidenden und Streitenden, den Gerechten und den Ungerechten, den Christen und den Atheisten, den Anhängern des Humanismus A, B, C und D miteinander, kritisch verständnisvoll ihnen Allen gegenüber) hilfreich sein möchten. Was ich dich tun sehe, wenn deine Theologie – wie es sich durchaus gehört! – politisch wird, ist etwas Anderes: du bedrängst uns und die übrigen Zeitgenossen mit der Forderung, wir müssten die Sache der neu heraufsteigenden besseren Welt der Freiheit und des Friedens durchaus in den Gestalten von Nikita [Chruschtschow], Mao [Tse-tung] und nun sogar Fidel [Castro] vertreten sehen, müssten aber in der Gestalt von John [F. Kennedy] durchaus eine Inkarnation der seit 1917 überbotenen und seither nur noch zerfallenden alten Gesellschafts- und Rechtsordnung erblicken. Gegen diese Schwarz-Weiss-Malerei und gegen die Zumutung, sie mitzumachen, sträuben sich alle meine Haare.

Ich möchte nicht mit dir streiten über die in deinem Aufsatz [...] gemachten konkreten politischen Angaben, obwohl ich zu jeder einzelnen von ihnen diese und jene Vorbehalte und Ergänzungen anzubringen hätte. Das könnte zu einer Kannegiesserei führen, die nicht unsere Sache sein kann. Es geht mir um die Methode und den Stil deiner Darlegung, angesichts derer ich mein altes, dir sattsam bekanntes Bedenken unmöglich unterdrücken kann: dass deine Stellungnahmen und, ihnen entsprechend, deine christlichen Ermahnungen durchweg bestimmt sind durch eine Geschichtsschau, die

*mit der des einen der heute um die Macht ringenden Le-
viathane in der Sache identisch ist, nur dass sie bei dir in
vollem Ernst, aber mir ganz uneinsichtig, mit dem Verweis
auf Jesus Christus und die ganze Heilige Schrift untermauert
wird. Lieber Joseph, bist du dir denn gar nicht klar darüber,
dass Emil Brunner, Reinhold Niebuhr und unsere anderen
westlichen Kirchenväter genau mit derselben Methode und in
demselben Stil nun eben ihre westliche Geschichtsschau
begründen – und begründen können und von da aus ihren
Kreuzzug gegen den Kommunismus in Szene setzen, dass du
also im umgekehrten Sinn genauso ‹kalten Krieg› führst wie
jene? [...] wie sollen wir es [...] der [...] Christenheit und
Menschheit diesseits des Eisernen Vorhangs, solange solche
Kundgebungen von dir ausgehen, klar machen, dass es uns
(und im Grunde doch auch dir, nicht wahr?) wie um keinen
antikommunistischen so auch um keinen kommunistischen,
sondern um den Frieden Gottes geht, der höher ist als alle
Vernunft – und so um die Gerechtigkeit (im biblischen Sinn
des Wortes) gegen Alle und für Alle?*[330]

In diesem grossen Brief wird vielleicht *noch* klarer als im
kürzeren an Bereczky, worum es Karl Barth *wirklich*
ging – negativ formuliert: Sicher nicht um eine Unterstützung des Kommunismus oder sogar des Stalinismus! Bereits *vor* seinem Brief an Hromádka hatte Barth
in einem Gespräch mit dem Schaffhauser Pfarrkonvent
kritisch geäussert, dass Hromádka «eine besondere Art
Geschichtsphilosophie» vertrete. Im Jahr 1933 sei in
Deutschland von den «Deutschen Christen» auch «so
geredet»[331] worden. Wenn man nicht vergessen hat, wie
fundamental ablehnend Barth seinerzeit den «Deutschen
Christen» gegenübergestanden hatte, nimmt man wahr,
dass Barth auch seinem Freund im Osten, Josef L. Hromádka, nichts geschenkt hat.
    Wichtig war für Barth, dass man sich bei der Predigt
im Namen Jesu Christi nicht einseitig an den politisch
(und wirtschaftlich) Mächtigen orientiert. Nicht immer,

aber oft geht es darum, gegen den Strom zu schwimmen. Anlässlich seines Besuches in Ungarn im Frühling 1948 gab er zu bedenken, «dass die Christen ihre Dankbarkeit gegen Gottes Gabe und Anordnung auch im besten Staat wahrscheinlich immer nur in Form ernsten Widerspruchs» betätigen können[332]. Die «politische *Mitverantwortlichkeit* der Gemeinde» werde, gerade wenn sie «ernstlich» sei, «keine unkritische Beteiligung sein» können. Die Christen würden «wohl für keine Regierung, für keine machthabende Mehrheit oder Minderheit, Clique oder Einzelpersönlichkeit die bequemsten Staatsbürger sein.»[333] Die «christliche Politik» werde der Welt «immer wieder eine fremde, unübersichtliche, überraschende Sache sein müssen», sonst sei sie «gewiss keine christliche Politik»[334].

Mit diesen Sätzen porträtierte Karl Barth sich selbst. Während der Jahrzehnte seiner aktiven Beteiligung an der Politik gab es immer neue Überraschungen. Es war immer eine *kritische* (und das heisst: unterscheidende) Beteiligung an der Politik, ein im christlichen Glauben begründeter Nonkonformismus. Karl Barth erstrebte nicht einen «christlichen» Staat. Der christliche Glaube war für ihn aber ein lebenswichtiges Ferment[335] innerhalb des liberalen Staates.

11

Karl Barths politische Ethik

Karl Barth wurde gegen 83 Jahre alt – für Angehörige seiner Generation hatte er ein langes Leben, wobei es ihm vergönnt war, bis beinahe zuletzt tätig zu bleiben. Noch am Abend vor seinem Tod arbeitete er an einem Vortrag, den er im Januar 1969 in Zürich aus Anlass der ökumenischen Gebetswoche für die Einheit der Christenheit halten wollte: «Aufbrechen – Umkehren – Bekennen.»[336] Im Leben Karl Barths gab es immer wieder neue Aufbrüche – theologische und politische.

Wer die Kapitel des vorliegenden Buches überdenkt, nimmt aber zugleich viele Konstanten wahr, die Barths Leben zu einer in sich abgerundeten Einheit zusammenbündeln. Eine erste derartige Konstante ist seine Weltzugewandtheit und Wachheit. Barth war kein introvertierter Gelehrter, der sich in den sprichwörtlichen Elfenbeinturm zurückgezogen hätte, um sich dort einem Glasperlenspiel hinzugeben. Neben der Bibel war für ihn die Zeitung die wichtigste Lektüre. Sowohl der noch nicht einmal 20jährige Theologiestudent als auch der über 80jährige alte Mann beeindrucken durch ihre Informiertheit.

Eine weitere Konstante: Das Interesse an der Welt war immer auch mit pointierten Stellungnahmen verknüpft. Barth hielt sich mit seiner persönlichen Meinung zu aktuellen Tagesfragen nicht zurück. Er drückte sie unverhüllt aus. Wo er die Möglichkeit dazu hatte, versuchte er in die Welt einzugreifen und diese in seinem Sinn positiv zu verändern. Karl Barth war ein unbequemer Zeitgenosse. Immer neu schwamm er gegen den Strom. Sowohl den theologischen Anfänger als auch den berühmten Professor zeichnet aus, dass er sich oft für eine Minderheitsposition entschied. Er redete niemandem nach dem Mund.

Im Jahr 1906 fanden wohl viele «Zofinger», dass ihr Farbenbruder mit seinem sozialen Engagement ein wenig übertreibe. (Eduard von Steiger gehörte zu dieser Gruppe.) In den Jahren 1933–35 war es für Barth eine bittere Erfahrung, dass am Ende auch seine Freunde von der Bekennenden Kirche ihn im Regen stehen liessen. Eine Darstellung der Ereignisse während des Zweiten Weltkrieges in der Schweiz klingt heute harmloser, als es damals war. Es war unangenehm, zu erleben, dass das Telefon abgehört wird, und politisches Redeverbot zu erhalten. In der Zeit des Kalten Krieges war es ähnlich. Man hatte es nicht einfach, wenn man sich der Grundstimmung des Antikommunismus widersetzte.

Ein anderer roter Faden, der sich durch Barths ganzes Lebenswerk hindurchzieht, ist nun aber – um einen durch den Neutestamentler Ernst Käsemann populär gewordenen Ausdruck zu verwenden – der «eschatologische Vorbehalt», unter dem alle seine politischen (und theologischen) Stellungnahmen standen. Barth war kein «totalitärer» Denker. In seinem Vortrag «Das erste Gebot als theologisches Axiom» im Frühling 1933 sagte er grundsätzlich: Weil jedes menschliche Werk auf die Vergebung der Sünden angewiesen sei, darum könne «der Streit in der Theologie, auch der gute notwendige Streit [...] doch nur mit vorletztem und ja nicht mit absolutem Ernst und Zorn geführt werden». Wenn das Notwendige gesagt sei, werde «auch das ‹Band des Friedens› (Eph. 4,3) sichtbar werden müssen». Den notwendigen theologischen Streit könne man nur «in gemeinsamer Hoffnung» führen[337]. Bemerkenswert sind diese Sätze umso mehr deshalb, weil sie zu einer Zeit heftigster theologischer und politischer Auseinandersetzungen gesprochen wurden.

Die *fundamentalethische Unterscheidung zwischen dem «Letzten» und dem «Vorletzten»* wurde durch Dietrich

Bonhoeffer weltberühmt[338] – vor allem, weil er in seinen Briefen aus dem Gefängnis mehrfach betonte, dass man «das letzte Wort nicht vor dem vorletzten sprechen» könne. «Wir leben im Vorletzten und glauben das Letzte.»[339] Diese Unterscheidung findet sich bereits in den Römerbriefkommentaren Barths und ist die stillschweigende Voraussetzung aller seiner politischen Interventionen. Immer neu findet sich die Warnung vor einer Absolutsetzung und Dogmatisierung.

Im Februar 1915, als er in die sozialdemokratische Partei eintrat, wusste er sich nur dem «Glaube[n] an das Grösste», das heisst an Gott, verpflichtet, der «das Leiden im Unvollkommenen nicht aus- sondern einschliesst»[340].

Von seiner praktischen Arbeit zu Gunsten der Arbeiterinnen und Arbeiter in Safenwil sagte er: «Ich mache es ohne Begeisterung einfach weil es notwendig ist [...].»[341] Oder im Alter mit betont zurückhaltend-nüchternen Worten: «In Safenwil hat mich am Sozialismus vor allem das Problem der Gewerkschaftsbewegung interessiert.»[342]

In der Zeit der Römerbriefkommentare heisst es: «[Der Christ] verliert alles Pathos, alle Hemmungslosigkeit und Ungebrochenheit.»[343] Der Staat soll «religiös ausgehungert»[344] werden. Man soll seine «Bürger- und Parteipflicht» erfüllen, «gelassenen Sinnes und gänzlich illusionslos»[345]. Politik «wird *möglich* von dem Augenblick an, wo der wesentliche Spielcharakter dieser Sache am Tage ist, [...] von dem Augenblick an, wo der absolute Ton aus den Thesen wie aus den Gegenthesen verschwindet, um einem vielleicht relativ gemässigten, vielleicht relativ radikalen Absehen auf menschliche Möglichkeiten Platz zu machen.»[346] Obschon ein Missverständnis, war es vielleicht doch kein Zufall, dass man im Deutschland der 20er Jahre mancherorts den Ruf zu politischer Abstinenz aus Barths «Römerbriefen» zu hören glaubte.

Auch zur Zeit des Nationalsozialismus war unübersehbar: Gerade *deshalb* konnte Barth unmöglich mit Hitler
sympathisieren, weil er nüchtern und unideologisch
bleiben wollte – wie «der Horengesang der Benediktiner
[in] Maria Laach auch im Dritten Reich zweifellos ohne
Unterbruch und Ablenkung ordnungsgemäss weitergegangen ist»[347].

Zurück in der Schweiz war Barth einer der entschie-
densten Vorkämpfer eines kompromisslosen Widerstandes gegen den Nationalsozialismus. Zugleich verspottete
er aber jeden schweizerischen «Heimatstil» und jeden
schweizerischen nationalen «Mythos».

Nach dem Krieg war Barth gegen einen ideologischen
Antikommunismus und *zugleich* im Osten gegen eine
christliche Glorifizierung des Kommunismus. In beiden
Richtungen kämpfte er gegen eine Absolutsetzung und
Theologisierung innerweltlich-politischer Positionen.

In einem späten Rückblick sagte Barth:

*Ich bin selber [...] liberal – und vielleicht sogar liberaler als
die, die sich auf diesem Feld Liberale nennen. [...] Echte
Liberalität muss ein Reden und Denken in Verantwortlichkeit
und Offenheit nach allen Seiten, nach rückwärts und vorwärts, in die Vergangenheit und Zukunft sein, bei welchem
man – darf ich so sagen – selber ganz* bescheiden *ist. ‹Bescheiden› will nicht sagen: skeptisch, aber dass man sieht:
was man jetzt selber denkt und sagt, das wird auch wieder
seine Grenze haben. Was mich dann allerdings nicht hindert,
sehr entschieden zu sagen, was ich zu sehen und zu erkennen
meine!*[348]

Fast am Schluss dieses Buches muss noch auf eine weitere Frage eingegangen werden: Seit langem pflegt man
den tiefgreifenden Unterschied zwischen Barth und
Luther hinsichtlich der politischen Ethik zu betonen,
wobei die politische Ethik Barths oft als *Lehre von der*
«Königsherrschaft Christi» etikettiert wird – im Gegensatz

zur sogenannten *Zweireichelehre* Luthers. Ich halte diese Unterscheidung mindestens für schief und aus diesem Grund für wenig hilfreich. Die folgenden Abschnitte sollen deutlich machen, was damit gemeint ist:

Die *Lehre von der «Königsherrschaft Christi»* geht davon aus, der christliche Glaube lebe von der Gewissheit, dass der Sieg des gekreuzigten Christus in seiner Auferstehung offenbar geworden ist. Auf dieser Grundlage sind Christinnen und Christen dazu aufgerufen, «den Sieg Christi jetzt in gehorsamer Nachfolge mitzuvollziehen. Ein solcher Mitvollzug findet seinen Ausdruck [besonders auch] in der ungeteilten Mitverantwortung der Christen und der Kirche für die Gestaltung aller Lebensbereiche, also [auch] des Staates [...].»[349] Als besonders markanter Zug an dieser Lehre gilt dabei ihre «Kritik an der Eigengesetzlichkeit des Staates und an der Privatheit des christlichen Glaubens»[350]. Oft wird die von Karl Barth formulierte zweite These der Theologischen Erklärung von Barmen von 1934 zitiert:

Wie Jesus Christus Gottes Zuspruch der Vergebung aller unserer Sünden ist, so und mit gleichem Ernst ist er auch Gottes kräftiger Anspruch auf unser ganzes Leben; durch ihn widerfährt uns frohe Befreiung aus den gottlosen Bindungen dieser Welt zu freiem, dankbarem Dienst an seinen Geschöpfen.

Wir verwerfen die falsche Lehre, als gebe es Bereiche unseres Lebens, in denen wir nicht Jesus Christus, sondern anderen Herren zu eigen wären, in denen wir nicht der Rechtfertigung und Heiligung durch ihn bedürften.[351]

Pointe ist hier der Herrschaftsanspruch Christi «auf unser ganzes Leben».

Bei Luther[352] selbst war der Ausgangspunkt für seine (erst im 20. Jahrhundert und bemerkenswerter Weise ausgerechnet von Karl Barth so benannte[353]) Zweireichelehre die Frage, wie die Bergpredigt Jesu im Neuen Testament verstanden werden muss, etwa die Stelle Matthäus 5, 39:

Ich aber sage euch, dass ihr dem Bösen nicht widerstehen sollt; sondern wer dich auf den rechten Backen schlägt, dem biete auch den andern dar.

Dazu sagt die klassische römisch-katholische Tradition leicht vereinfacht: Für das durchschnittliche christliche Volk genügt es, die Zehn Gebote zu respektieren. Gewaltlosigkeit (das Anbieten der anderen Backe), Armut, Keuschheit und Gehorsam sind dagegen ein zusätzliches Lebensangebot für die christliche Elite (die Jüngerinnen und Jünger Jesu im engeren Sinne dieses Wortes), welche in erster Linie in den Klöstern (aber auch in Einsiedeleien) diesen «Evangelischen Räten» nachkommt.

Luther sah das Verhältnis zwischen der Bergpredigt und den Zehn Geboten anders: Es gibt nicht verschiedene Sorten von Christinnen und Christen, sondern alle sind vor Gott gleichgestellt, und alle sind denselben Grundsätzen unterworfen. Für mich selbst als «*Christperson*» gilt das absolute Liebesgebot in jedem Fall. Für mich selbst darf ich mich niemals wehren. «Leiden, Leiden, Kreuz, Kreuz, ist der Christen Recht – dieses und kein anderes»[354], wie Luther 1525 mitten im Bauernkrieg den aufständischen Bauern zurief.

Für mich selbst als «*Amtsperson*» (etwa als Vater oder Mutter, als Bürgermeister, Richter oder Fürst, auch als Inhaber einer Firma) bin ich jedoch verpflichtet, nicht für mich selbst, wohl aber *zu Gunsten der mir anvertrauten anderen,* gegen das Böse in der Welt – wenn es nötig ist, auch mit Gewalt – zu kämpfen.

Jeder Christ ist nach Luther Bürger zweier Welten, des Reiches Gottes zur rechten und des Reiches Gottes zur linken Hand. Im Reich zur rechten Hand Gottes herrscht Christus selbst durch Wort und Sakrament.

Hier gelten die Weisungen der Bergpredigt. Im Reich zur linken Hand Gottes (auch hier herrscht selbstverständlich letztlich Gott, was unbedingt beachtet werden muss) herrscht der Kaiser mit dem Schwert.[355] In diesem Reich gibt es keine absoluten, sondern nur relative Normen. In diesem Bereich des Relativen sollen Gerechtigkeit und Billigkeit regieren – und nicht die uneingeschränkte Liebe. Luthers «Lehre von den zwei Reichen [war] ein ernsthafter Versuch, eine christliche Existenz mitten in der Wirklichkeit der Welt theologisch zu begründen.»[356]

Bei einigen neueren lutherischen Autoren wurde diese Zweireichelehre stark verändert. Während für Luther selbstverständlich war, dass Gott auch im Reich zu seiner Linken regiert und dass deshalb auch hier seine Gebote beachtet werden müssen, wurde die Vorstellung von den sogenannten «Eigengesetzlichkeiten» entwickkelt. Das heisst: Politik, Recht, Wirtschaft, Wissenschaft und Kunst folgen je ihren eigenen Gesetzen. Vom Evangelium und der Kirche aus darf man sich nicht einmischen. Bedeutende Vertreter dieser gegenüber Luther neuen Sicht waren Christoph Ernst Luthardt und Friedrich Naumann, die in ihren Büchern «Die Ethik Luthers in ihren Grundzügen» (1875) und «Briefe über die Religion» (1903) zwischen der «Innerlichkeit» des Glaubens und der äusseren Dimension der weltlichen «Eigengesetzlichkeiten» unterschieden und diese dualistisch voneinander trennten[357]. Während Jahrzehnten hat der Streit um diese Zweireichelehre die Diskussion erschwert und stark belastet.

Es dürfte aber in die Irre führen, wenn ein allzu tiefer Graben zwischen Karl Barth und der ursprünglichen und recht verstandenen Zweireichelehre Martin Luthers behauptet wird. Luther selbst kannte «noch keine vom Gesetz Gottes dispensierte Eigengesetzlichkeit von Welt, Politik und Wirtschaft»[358]. Der Sinn von Luthers Zweireichelehre war – genau gleich wie bei Karl Barth –

nicht mehr und nicht weniger als eine ideologiefreie Politik und Wirtschaft. *Politik ist die Kunst des Möglichen und nicht die Errichtung des Reiches Gottes auf Erden.* Nach Gerhard Ebeling, dem führenden Lutherforscher der Gegenwart, ist es eine der «trivialsten Verzerrungen» der Zweireichelehre, «als werde die Welt aus der Abhängigkeit von Gott und der Glaube aus der Weltverantwortung entlassen»[359]. Es besteht kein wirklicher Gegensatz zwischen dem «echten» Luther und Barths Formulierung in der Theologischen Erklärung von Barmen, dass es keine «Bereiche unseres Lebens» gebe, «in denen wir nicht Jesus Christus, sondern anderen Herren zu eigen wären». Sowohl Luther als auch Barth wussten jedoch sehr wohl – und es war für sie lebenswichtig –, zwischen dem «Letzten» und dem «Vorletzten» zu unterscheiden. *Die Unterscheidung zwischen dem «Letzten» und dem «Vorletzten» kann als eine kreative Fortentwicklung der originalen Zweireichelehre Martin Luthers verstanden werden.* Es macht keinen Sinn, wenn man Barth und Luther vorschnell gegeneinander ausspielt (obwohl beide selbstverständlich nicht exakt dasselbe lehrten, was auch damit zusammenhängt, dass sie nicht im gleichen Jahrhundert lebten).

Seit seiner Auseinandersetzung nicht mit Luther selbst, wohl aber mit Lutheranern wie Paul Althaus und anderen setzte Barth die Akzente in seiner politischen Ethik zunehmend anders. Abgesehen von seinem Vortrag «Evangelium und Gesetz» von 1935 sind zwei Vorträge wichtig: «Rechtfertigung und Recht» von 1938 und «Christengemeinde und Bürgergemeinde» von 1946. Im Verlauf des vorliegenden Buches wurde schon mehrfach daraus zitiert. Unter anderem war die Rede von der Fähigkeit der Bürgergemeinde, Wahrheit und Wirklichkeit der Christengemeinde zwar nicht direkt, wohl aber «*indirekt, im Spiegelbild* zu reflektieren»[360]. Über die Christengemeinde hatte Barth in der Theologischen Erklärung von Barmen die berühmten Sätze formuliert:

Die christliche Kirche ist die Gemeinde von Brüdern *[und Schwestern]. [...] Die verschiedenen Ämter in der Kirche begründen* keine Herrschaft der einen über die anderen, *sondern die Ausübung des der ganzen Gemeinde befohlenen Dienstes.*[361]

Auf diesem Hintergrund verstand es sich für Barth von selbst, dass die Staatsform der Demokratie gegenüber anderen Staatsformen vorzuziehen war, auch wenn er sie durchaus nüchtern sah und nicht idealisierte. Spiegelbildlich – *im Sinne einer Analogie* – reflektiert eine Demokratie eben trotzdem die Art, in der Christinnen und Christen miteinander umzugehen haben. Unkontrollierte und unbegrenzte «Herrschaft der einen über die anderen» ist christlich-theologisch gesehen ein Unding. Immer neu finden sich in Barths Lebenswerk Wendungen, die davon reden, dass nach seinem Verständnis «grundsätzlich jeder» «verantwortlich für das Handeln des Staates» ist[362]. Nach Möglichkeit ist ein «föderativer Rechtsstaat wie die schweizerische Eidgenossenschaft» anzustreben, der «auf den frei gebildeten und frei sich aussprechenden Volkswillen» begründet ist[363]. «Die Phrase von der gleichen Affinität bzw. Nichtaffinität aller möglichen Staatsformen dem Evangelium gegenüber ist nicht nur abgenützt, sondern falsch.»[364] «Es gibt schon eine *Affinität* zwischen der Christengemeinde und der Bürgergemeinde der *freien* Völker!»[365] Bereits in der Einleitung wurde erwähnt, dass Barth aus diesem Grund dem britischen politischen System eine besondere Hochschätzung entgegenbrachte[366]. In seinem Vortrag «Unsere Kirche und die Schweiz in der heutigen Zeit» vom November 1940 nahm Barth im Zusammenhang mit dem Begriff «Demokratie» eine wichtige Präzisierung vor: Es sei schade, dass für die ihm als angemessen erscheinende Staatsform kein besseres Wort als «Demokratie» zur Verfügung stehe. Denn «herrschen» könne und solle streng genommen «nicht ‹das Volk›, sondern das Recht und die Pflicht der Gemeinschaft und der Freiheit»[367].

Zum Schluss ein grundsätzlicher theologischer Gedanke zum Thema christlicher Glaube und Politik, der Karl Barth wichtig war, weshalb er ihn in mehreren Zusammenhängen aufgriff: Im Neuen Testament und in der alten Kirche war Barth als wesentlicher Grundzug aufgefallen: Viele Angehörige der frühchristlichen Gemeinde weigerten sich zwar, vor dem Standbild der römischen Kaiser zu opfern. Wenn sie dazu gezwungen werden sollten, entschieden sie sich für das Martyrium. *Aber sie beteten für den Kaiser!* Karl Barth leitete daraus ab: Es widerspricht dem Grundgedanken des Christentums, im Staat – und sei es der beste Staat – etwas Absolutes zu erblicken. Auch der beste Staat ist relativ. «Anbeten» darf man den Staat nicht. Aber das Gebet für diesen Staat ist der wichtigste Dienst, den Christinnen und Christen ihm erweisen können. Und: Wer für den Staat betet, wird ihm unwillkürlich nicht passiv oder gleichgültig begegnen. *Für jemanden oder etwas zu beten bedeutet die intensivste Anteilnahme, die überhaupt denkbar ist.* Ich kann nicht für etwas beten, wenn ich mich nicht zugleich daran beteilige und – wo mir die Möglichkeit dazu geben ist – dafür engagiere.

In seinem bereits zitierten Vortrag «Rechtfertigung und Recht» von 1938 sagte Barth, dass das «Gebet für die Träger der Staatsgewalt» zum «eisernen Bestand» der Existenz der Kirche gehöre[368]. Es sei dies, «grundsätzlich und umfassend gesagt» die «Leistung der Kirche für den Staat»[369]. Nach dem Krieg, im Vortrag «Christengemeinde und Bürgergemeinde» von 1946, spitzte er diese theologische Einsicht zu: Die Christengemeinde bete «für die Bürgergemeinde». Indem sie aber für sie bete, mache sie sich «Gott gegenüber für sie verantwortlich, und sie würde das nicht ernstlich tun, wenn sie es beim Beten für sie sein Bewenden haben lassen, wenn sie nicht, eben indem sie für sie bete[.], auch tätig für sie arbeiten würde.»[370] Noch einmal das Zitat, das am Anfang eines früheren Kapitels stand: «Eine schweigende, eine dem Zeitgeschehen bloss zuschauende Gemeinde wäre nicht die christliche Gemeinde.»[371] Es ist dies Karl Barths politisch-ethisches Vermächtnis.

DANK

Das vorliegende Buch ist die stark überarbeitete und ergänzte Fassung einer öffentlichen Vorlesungsreihe an der Universität St. Gallen im Januar 1999. Meinen Hörerinnen und Hörern danke ich für ihr Interesse, das mich motiviert hat. Ebenso wichtig für mich waren bereits ein Jahr vorher sehr wache Studierende, die ein von mir veranstaltetes Kolloquium über Karl Barth besuchten. Bei der Fertigstellung des Manuskriptes halfen mir: meine Frau, Marianne Jehle-Wildberger, Alfred Enz, Roland Kley, Henrique Schneider und – vom Theologischen Verlag Zürich – Wolfgang Kasprzik. Ich danke ihnen für viele Anregungen und Verbesserungsvorschläge. Ebenso danke ich den Verwaltern des Nachlasses Karl Barths, die seit bald drei Jahrzehnten einen Band nach dem anderen der Gesamtausgabe mit beispielloser Hingabe und Gelehrsamkeit betreuen. Ohne sie wäre es nicht möglich, ein solches Buch zu publizieren. Hoffentlich erbringt es einen Beitrag dazu, dass man die Forschungsarbeit der Barthexperten auch in einem weiteren Umfeld wahr- und ernstnimmt.

St. Gallen, Ostern 1999   *Frank Jehle*

In diesem Verzeichnis sind nur die für dieses Buch besonders
wichtigen Quellen und Darstellungen aufgeführt. Die voran-
gestellten Abkürzungen werden in den folgenden Anmerkun-
gen verwendet. Leserinnen und Lesern, die sich näher mit
Leben und Werk von Karl Barth beschäftigen wollen, seien
die folgenden enzyklopädischen Überblicksartikel empfohlen, in denen auch auf die wichtigsten Titel der unübersehba-
ren Literatur über Karl Barth verwiesen wird:

Eberhard Jüngel: Artikel *Karl Barth,* Theologische Realenzyklopädie, Bd. 5, Berlin/New York 1980, S. 251–268.

Michael Beintker: Artikel *Karl Barth,* Religion in Geschichte
und Gegenwart, Vierte, völlig neu bearbeitete Auflage, Bd. 1,
Tübingen 1998, Sp. 1138–1141.

Seit 1971 erscheint im Theologischen Verlag Zürich die *Gesamtausgabe* der Werke Karl Barths, die sein gesamtes literari-
sches Werk zugänglich machen soll. Die Bände sind im folgenden mit «GA» gekennzeichnet.

a) Schriften Karl Barths

Dogm. im Entwurf	Die christliche Dogmatik im Entwurf. Erster Band. Die Lehre vom Worte Gottes. Prolegomena zur christlichen Dogmatik. 1927, Hrsg. von Gerhard Sauter, Zürich 1982 (GA 14).
Ethik I	Ethik I. Vorlesung Münster, Sommersemester 1928, wiederholt in Bonn, Sommersemester 1930, Hrsg. von Dietrich Braun, Zürich 1973 (GA 2).
Ethik II	Ethik II. Vorlesung Münster, Wintersemester 1928/29, wiederholt in Bonn, Wintersemester 1930/31, Hrsg. von Dietrich Braun, Zürich 1978 (GA 10).

Fragen u. Antw.	Theologische Fragen und Antworten. Gesammelte Vorträge, 3. Band (1927–1942), 2. Aufl., Zürich 1986.
Gifford-Lectures	Gotteserkenntnis und Gottesdienst nach reformatorischer Lehre. 20 Vorlesungen (Gifford-Lectures) über das Schottische Bekenntnis von 1560 gehalten an der Universität Aberdeen im Frühjahr 1937 und 1938, Zollikon 1938.
Götze	«Der Götze wackelt.» Zeitkritische Aufsätze, Reden und Briefe von 1930 bis 1960, Hrsg. von Karl Kupisch, Berlin 1961.
Grundriss	Dogmatik im Grundriss. Vorlesungen gehalten im Sommersemester 1946 an der Universität Bonn. 1947, 8. Aufl., Zürich 1998.
Heidelb. Kat.	Die christliche Lehre nach dem Heidelberger Katechismus. Vorlesung gehalten an der Universität Bonn im Sommersemester 1947, Zollikon-Zürich 1948.
KD	Die kirchliche Dogmatik, München, dann Zollikon und dann Zürich 1932 ff.
Kl. Arbeiten 1	Vorträge und kleinere Arbeiten 1905–1909, In Verbindung mit Herbert Helms hrsg. von Hans-Anton Drewes und Hinrich Stoevesandt, Zürich 1992 (GA 21).
Kl. Arbeiten 2	Vorträge und kleinere Arbeiten 1909–1914, In Verbindung mit Herbert Helms und Friedrich-Wilhelm Marquardt hrsg. von Hans-Anton Drewes und Hinrich Stoevesandt, Zürich 1993 (GA 22).
Kl. Arbeiten 3	Vorträge und kleinere Arbeiten 1922–1925, Hrsg. von Holger Finze, Zürich 1990 (GA 19).
Letzte Zeugnisse	Letzte Zeugnisse, Zürich 1969.
Pred. 1921–1935	Predigten 1921–1935, Hrsg. von Holger Finze, Zürich 1998 (GA 31).
Prot. Theologie	Die protestantische Theologie im 19. Jahrhundert. Ihre Vorgeschichte und ihre Geschichte, 6. Aufl., Zürich 1994.
Recht	Rechtfertigung und Recht, Christengemeinde und Bürgergemeinde, Evangelium und Gesetz, Zürich 1998.

Römerbrief 1	Der Römerbrief (Erste Fassung) 1919, Hrsg. von Hermann Schmidt, Zürich 1985 (GA 16).
Römerbrief 2	Der Römerbrief, 15. Abdruck der neuen Bearbeitung, Zürich 1999 (angegeben werden die Seitenzahlen der Originalausgabe und in Klammern die des 15. Abdrucks).
Schweizer Stimme	Eine Schweizer Stimme 1938–1945, 3. Aufl., Zürich 1985.
Ungarnreise	Christliche Gemeinde im Wechsel der Staatsordnungen. Dokumente einer Ungarnreise 1948, Zollikon 1948.

b) Gespräche, Briefe, Dokumentationen sowie biographische und historische Darstellungen

Anfänge	Moltmann, Jürgen (Hrsg.): Anfänge der dialektischen Theologie, Teil I, Karl Barth, Heinrich Barth, Emil Brunner (Theologische Bücherei 17/I), 5. Aufl., München 1985.
Barth–Thurneysen	Karl Barth – Eduard Thurneysen, Briefwechsel, Band 1. 1913–1921, Bearbeitet und hrsg. von Eduard Thurneysen, Zürich 1973 (GA 3).
Barth–Rade	Karl Barth – Martin Rade. Ein Briefwechsel, Mit einer Einleitung hrsg. von Christoph Schwöbel, Gütersloh 1981.
Bogen	Busch, Eberhard: Unter dem Bogen des einen Bundes. Karl Barth und die Juden 1933–1945, Neukirchen-Vluyn 1996.
Gedenkfeier	Karl Barth 1886–1968. Gedenkfeier im Basler Münster, Zürich 1969.
Gespräche 1	Gespräche 1959–1962, Hrsg. von Eberhard Busch, Zürich 1995 (GA 25).
Gespräche 2	Gespräche 1964–1968, Hrsg. von Eberhard Busch, Zürich 1997 (GA 28).
Hromádka	Rohkrämer, Martin (Hrsg.): Freundschaft im Widerspruch. Der Briefwechsel zwischen Karl Barth, Josef L. Hromádka und Josef B. Soucek 1935-1968, Mit einer Einleitung von Jan Milic Lochman, Zürich 1995.

Lebenslauf	*Busch, Eberhard:* Karl Barths Lebenslauf, München 1975.
Offene Briefe 2	*Barth, Karl:* Offene Briefe 1935–1942. Hrsg. von Diether Koch. Zürich 2001 (GA 36).
Offene Briefe 3	*Barth, Karl:* Offene Briefe 1945–1968. Hrsg. von Diether Koch. Zürich 1984 (GA 15).
Prolingheuer	*Prolingheuer, Hans:* Der Fall Karl Barth 1934–1935, Neukirchen-Vluyn 1977.
Reformationstag	*Busch, Eberhard* (Hrsg.): Reformationstag 1933. Dokumente der Begegnung Karl Barths mit dem Pfarrernotbund in Berlin, Zürich 1998.
Scheidung	*Fürst, Walter* (Hrsg.): «Dialektische Theologie» in Scheidung und Bewährung 1933–1936 (Theologische Bücherei 34), München 1966.
Scholder 1	*Scholder, Klaus:* Die Kirchen und das Dritte Reich, Band 1, Frankfurt am Main/Berlin/Wien 1977.
Scholder 2	*Scholder, Klaus:* Die Kirchen und das Dritte Reich, Band 2, Berlin 1985.
Schuster	*Schuster, Hermann* (u.a. Hrsg.): Quellenbuch zur Kirchengeschichte III, 8. Aufl. Frankfurt am Main/Berlin/Bonn/München 1968.

Wenn mehrere Zitate von der gleichen Fundstelle aufeinander folgen, steht die Anmerkung immer beim letzten Zitat.

1 Bogen, S. 341.

2 AaO., S. 357.

3 Offene Briefe 3, S. 17.

4 Schweizer Stimme, S. 368.

5 AaO., S. 275.

6 AaO., S. 276.

7 Gedenkfeier, S. 33 ff.

8 Offene Briefe, S. 164 (Hervorhebung von F. Jehle).

9 AaO., S. 398 f.

10 Carl Zuckmayer/Karl Barth, Späte Freundschaft in Briefen, 11. Aufl., Zürich 1999, S. 31.

11 Ethik II, S. 338 (Hervorhebung von F. Jehle).

12 Vgl. weiter unten S. 15!

13 Ethik II, S. 339.

14 Ungarnreise, S. 13. Vgl. unten S. 119 ff!

15 AaO., S. 12 f.

16 Lebenslauf, S. 367.

17 KD IV/4, S. 31.

18 Prot. Theologie, S. 26 f.

19 Nach: Lebenslauf, S. 55.

20 Nach: AaO., S. 56.

21 Adolf [von] Harnack, Das Wesen des Christentums, Leipzig 1900, S. 4.

22 KD I/2, S. 397 ff., zum Titel: S. 403 f.

23 Römerbrief 2, S. XII (XVIII).

24 AaO., S. V (XI). Vgl. dasselbe Zitat etwas ausführlicher unten auf S. 20!

25 AaO., S. XII (XIX).

26 AaO., S. XIII (XIX).

27 AaO., S. XV (XIII).

28 Vgl. Johannes Rathje, Die Welt des freien Protestantismus. Ein Beitrag zur deutsch-evangelischen Geistesgeschichte. Dargestellt am Leben und Werk Martin Rades, Stuttgart 1952.

29 Barth – Rade, S. 65.

30 Die Religion in Geschichte und Gegenwart, 3. Auflage, Band 3, Tübingen 1959, Sp. 1236.

31 Vgl. weiter unten S. 36f!

32 Römerbrief 2, S. V (XI).

33 Solche Formulierungen kehren in Barths zweiter Fassung des Römerbrief-

kommentars immer wieder.

34 Kl. Arbeiten 3, S. 151.

35 Karl Barth, Fides quaerens intellectum. Anselms Beweis der Existenz Gottes im Zusammenhang seines theologischen Programms. 1931, hrsg. von Eberhard Jüngel und Ingolf U. Dalferth, Zürich 1981 (GA 13).

36 Friedrich Schleiermacher, Kurze Darstellung des theologischen Studiums. Kritische Ausgabe, hrsg. von Heinrich Scholz, Leipzig 1910 [Hildesheim 1961], S. 3.

37 Scheidung, S. 43.

38 Schuster, S. 106.

39 Scheidung, S. 169 ff. und S. 208 ff.

40 KD III/1, S. 377 ff.

41 KD III/4, S. 366 ff.

42 Karl Barth, Die Menschlichkeit Gottes, Zürich 1956.

43 Karl Barth, Wolfgang Amadeus Mozart 1756/1956, 13. Aufl. Zürich 1996.

44 Karl Barth, Einführung in die evangelische Theologie, Zürich 1962.

45 Hans Urs von Balthasar, Karl Barth. Darstellung und Deutung seiner Theologie, 1951, 4. Aufl. Köln 1976.

46 Hans Küng, Rechtfertigung. Die Lehre Karl Barths und eine katholische Besinnung, Einsiedeln 1957 (Neuausgabe 1986).

47 Henri Bouillard, Karl Barth. Genèse et évolution de la théologie dialectique, Aubier 1957.

48 Kornelis Heiko Miskotte, Über Karl Barths Kirchliche Dogmatik. Kleine Präludien und Phantasien, München 1961, S. 18.

49 Kl. Arbeiten 1. Vgl. das Inhaltsverzeichnis!

50 Meyers Grosses Taschenlexikon 4, Mannheim, Leipzig, Wien, Zürich 1995, S. 142. (Abkürzungen aufgelöst.)

51 Zofinger-Liederbuch, Ausgabe 1969, Bern 1969, S. 4.

52 Ernst Ludwig Schellenberg, Das deutsche Volkslied, 2. Band, Berlin 1916, S. 477.

53 Der schweizerische Zofingerverein 1819–1969, Bern 1969, S. 27. (Werner Kundert und Ulrich Im Hof.)

54 Nach: AaO., S. 416.

55 AaO., S. 28.

56 AaO., S. 30.

57 Nach: AaO., S. 57.

58 Ebd.

59 AaO., S. 203. (Andreas Lindt.)

60 Gespräche 1, S. 5 ff. und S. 44 ff.Vgl. unten S. 117f!

61 Gespräche 2, S. 533.

62 Günther Dehn, Die alte Zeit – die vorigen Jahre. Lebenserinnerungen, München 1962, S. 143.

63 Der schweizerische Zofingerverein 1819–1969, Bern 1969, S. 203.

64 Vgl. weiter unten S. 37!

65 Kl. Arbeiten 1, S. 85f.

66 AaO., S. 86.

67 AaO., S. 87

68 AaO., S. 90.

69 AaO., S. 73.

70 AaO., S. 74.

71 AaO., S. 73.

72 AaO., S. 74. Zitiert wird: Leonhard Ragaz, Busse und Glauben. Bettagspredigt, gehalten am 17. Sept. 1905 im Münster zu Basel, Basel 1905, S. 7 f.

73 Markus Mattmüller, Leonhard Ragaz und der religiöse Sozialismus. Die Entwicklung der Persönlichkeit und des Werkes bis ins Jahr 1913, Basel und Stuttgart 1957, S. 84 f.

74 Kl. Arbeiten 1, S. 76.

75 Christian Link in: Calvin-Studienausgabe, Band 2, Gestalt und Ordnung der Kirche, Neukirchen-Vluyn 1997, S. VI.

76 Lebenslauf, S. 55.

77 Anfänge, S. 46.

78 AaO., S. 49.

79 Der in der vorangehenden Anmerkung zitierte Nachruf trägt deshalb den Titel «Vergangenheit und *Zukunft*» (Hervorhebung von F. Jehle).

80 Kl. Arbeiten 2, S. 439f. Ein Teil der Angaben stammt aus: E. Marti, 50 Jahre Schweizerische Textil- und Fabrikarbeiter-Organisationen 1903–1953, Zürich 1954.

81 AaO., S. 384.

82 AaO., S. 384 f.

83 AaO., S. 385.

84 AaO., S. 574.

85 Barth – Thurneysen, S. 30.

86 Vgl. unten S. 49f!

87 Barth – Thurneysen, S. 20.

88 AaO., S. 23.

89 AaO., S. 5.

90 Kl. Arbeiten 2, S. 498.

91 AaO., S. 573.

92 AaO., S. 381.

93 Nach: AaO., S. 573.

94 AaO., S. 576f.

95 Lebenslauf, S. 79.

96 AaO., S. 116.

97 Barth–Thurneysen, S. 300.

98 Kl. Arbeiten 2, S. 410.

99 AaO., S. 391.

100 Christoph Blumhardt, Ansprachen, Predigten, Reden, Briefe 1865–1917, Hrsg. von Johannes Harder, Band 1, Neukirchen-Vluyn 1978, S. 20 (Morgenandacht vom 25. Oktober 1899).

101 Hermann Kutter, Sie müssen. Ein offenes Wort an die christliche Gesellschaft, 2. Tausend, Berlin 1904, S. 34 f.

102 Kl. Arbeiten 2, S. 392.

103 AaO., S. 393 f.

104 AaO., S. 395 f.

105 Pred. 1921–1935, S. 457 f.

106 Recht, S. 89 (Hervorhebungen teilweise von F. Jehle).

107 Kl. Arbeiten 2, S. 398. Die Verantwortlichen für die Gesamtausgabe präzisieren dort, dass der Satz genau heissen sollte: «Leiblichkeit ist das Ende des *Werkes* Gottes [...]», was Barth selbst offensichtlich nicht bewusst war. Er zitierte aus dem Gedächtnis.

108 KD I/1, S. 138.

109 KD II/1, S. 300.

110 Gespräche 2, S. 550.

111 Nach: Barth – Rade, S. 33.

112 Agnes von Zahn-Harnack, Adolf von Harnack, Zweite, verbesserte Auflage, Berlin 1951, S. 345.

113 Kriegs-Almanach 1915, Erschienen im Insel-Verlag zu Leipzig, S. 170f.

114 Barth – Rade, S. 97.

115 AaO., S. 33 (Christoph Schwöbel).

116 Rudolf Otto, Das Heilige. Über das Irrationale in der Idee des Göttlichen und sein Verhältnis zum Rationalen, 20.–22. Auflage, Gotha 1929, S. 31 ff.

117 AaO., S. 13 ff. und S. 43 ff.

118 Romano Guardini, Vom Geist der Liturgie, 15. und 16. Auflage, Freiburg im Breisgau 1939, S. 58.

119 Römerbrief 2, S. 315 (344).

120 Grundriss, S. 40.

121 BSLK, S. 508, Z. 19–25 (Sprachlich modernisiert, Hervorhebungen von F. Jehle).

122 Paul Althaus, Luthers Haltung im Bauernkrieg, Neuausgabe, Darmstadt 1969, S. 28 f. (Hervorhebungen teilweise von F. Jehle).

123 Paul Althaus, Grundriss der Ethik, Neue Bearbeitung der «Leitsätze». 4.-6.

Tausend, Erlangen 1931, S. 104 (Hervorhebung von F. Jehle).

[124] Nach: Bogen, S. 213.

[125] Nach: Scholder 2, S. 210.

[126] Römerbrief 1, S. 514 (Anm. 65).

[127] Dittmar Rostig, Artikel Ragaz, Theologische Realenzyklopädie 28, Berlin und New York 1997, S. 108.

[128] Römerbrief 2, S. 471 (513) (Hervorhebung von F. Jehle).

[129] Römerbrief 1, S. 501.

[130] AaO., S. 502.

[131] Nachweise aaO., S. 501.

[132] AaO., S. 503.

[133] AaO., S. 505.

[134] AaO., S. 508.

[135] AaO., S. 509 (Hervorhebung von F. Jehle).

[136] AaO., S. 507.

[137] AaO., S. 513.

[138] AaO., S. 500.

[139] AaO., S. 517.

[140] Ebd.

[141] AaO., S. 519.

[142] AaO., S. 520 f.

[143] Vgl. Karl Hammer, Deutsche Kriegstheologie 1870–1918, München 1971. – Christen, Krieg und Frieden, Olten/Freiburg im Breisgau 1972.

[144] AaO., S. 521.

[145] Römerbrief 2, S. 472 (514f.) (Hervorhebung von F. Jehle).

[146] Nach: Scholder 1, S. 280.

[147] Bogen, S. 34.

[148] AaO., S. 35.

[149] Ethik I, S. 326.

[150] Scheidung, S. 43.

[151] Bogen, S. 37.

[152] Lebenslauf, S. 230.

[153] Bogen, S. 39.

[154] Nach: Günter von Norden, Die Weltverantwortung der Christen neu begreifen. Karl Barth als homo politicus (Kaiser Taschenbücher 153) Gütersloh 1997, S. 53.

[155] Nach: Wilhelm und Marion Pauck, Paul Tillich. Sein Leben und Denken, Band I: Leben, Stuttgart und Frankfurt am Main 1978, S. 134.

[156] AaO., S. 138.

[157] Vgl. TRE 30 (Berlin 1999), S.232.

[158] Hans-Martin Thelemann und Hartmut Aschermann, Horizonte des Glaubens, 2. Auflage, Frankfurt am Main/Berlin/Bonn/München 1968, S. 263.

[159] Für eindrückliche Ausnahmen vgl.: Susi Hausamann, Nicole Kuropka,

Heike Scherer, Frauen in dunkler Zeit. Schicksal und Arbeit von Frauen in der Kirche zwischen 1933 und 1945, Aufsätze aus der Sozietät «Frauen im Kirchenkampf», Köln 1996.

[160] Schuster, S. 104 (Hervorhebung von F. Jehle).

[161] Nach: Reformationstag, S. 13.

[162] AaO., S. 27.

[163] Bogen, S. 73.

[164] Scholder 1, S. 322.

[165] AaO., S. 801.

[166] Bogen, S. 108.

[167] AaO., S. 49.

[168] Reformationstag, S. 11 und S. 43.

[169] AaO., S. 55.

[170] AaO., S. 106.

[171] Bogen, S. 148.

[172] AaO., S. 148 f.

[173] AaO., S. 151.

[174] AaO., S. 173 (Hervorhebungen teilweise von F. Jehle).

[175] Dazu ausführlich: Prolingheuer.

[176] Wolf-Dieter Hauschild, Artikel Bekennende Kirche, Religion in Geschichte und Gegenwart, Vierte, völlig neu bearbeitete Auflage, Band 1, Tübingen 1998, Sp. 1241.

[177] Schuster, S. 106.

[178] Vgl. oben S. 46!

[179] Schuster, S. 106.

[180] Scholder 2, S. 189.

[181] Bogen, S. 250.

[182] Prolingheuer, S. 211.

[183] Meyers Grosses Taschenlexikon 12, Mannheim, Leipzig, Wien, Zürich 1995, S. 206 (Abkürzungen aufgelöst).

[184] Nach: Rita Thalmann, Jochen Klepper. Ein Leben zwischen Idyllen und Katastrophen, München 1977, S. 209.

[185] Bogen, S. 251. Leicht abweichender Text bei: Prolingheuer, S. 349.

[186] Lebenslauf, S. 276.

[187] Nach der Zählung von Heinrich Stirnimann in: Freiburger Zeitschrift für Philosophie und Theologie, Band 15 (1965), Heft 1, S. 4.

[188] Bogen, S. 269.

[189] AaO., S. 271.

[190] Nach: Bogen, S. 90f. (Orthographie leicht verändert).

[191] Thomas Mann, Nachträge. Taschenbuchausgabe, Frankfurt am Main 1990, S. 94.

[192] AaO., S. 202.

193 AaO., S. 200.

194 AaO., S. 202.

195 AaO., S. 205.

196 Bogen, S. 378.

197 AaO., S. 377.

198 Schweizer Stimme, S. 58f.
= Hromádka, S. 54 f.

199 AaO., S. 63.

200 AaO., S. 64.

201 AaO., S. 67.

202 Gifford-Lectures, S. 214.

203 AaO., S. 215.

204 AaO., S. 216.

205 Schweizer Stimme, S. 90.

206 [Fred Luchsinger,] Die
Neue Zürcher Zeitung im
Zeitalter des Zweiten
Weltkrieges 1930–1955,
Zürich 1955.

207 Predigten 1954–1967, Hrsg.
von Hinrich Stoevesandt,
Zürich 1979 (GA 12) S.
276 ff.

208 Alle Zitate in diesem Teil
aus Zeitungsausschnit-
ten im Privatarchiv des
Zürcher Alttestamentlers
Hans Wildberger (1910–
1986).

209 KD I/1, S. 284.

210 Heidelb. Kat., S. 12f.

211 Vgl. Offene Briefe 2,
S. 176ff.

212 Nach: Werner Mitten-
zwei, Exil in der Schweiz,
Leipzig 1981, S. 124.

213 Dazu: AaO., S. 268 ff.

214 Anselm von Canterbury,
Proslogion. Lateinisch-
deutsche Ausgabe von P.
Franciscus Salesius Schmitt
O.S.B., Abtei Wimpfen,
3. Auflage, Stuttgart-Bad
Cannstatt 1995, S. 84/85.

215 Huldrych Zwingli, Schriften I, Zürich 1995, S. 271.

216 AaO., S. 278.

217 Bogen, S. 342.

218 Lebenslauf, S. 327.

219 Prolingheuer, S. 178.

220 Bogen, S. 347f. Vgl.
Titelbild!

221 AaO., S. 355. Und: Lebenslauf, S. 332.

222 AaO., S. 356.

223 Bogen, S. 339.

224 AaO., S. 340f.

225 Schweizer Stimme, S. 170.

226 AaO. S. 169.

227 AaO., S. 168.

228 AaO., S. 162.

229 AaO., S. 161.

230 AaO., S. 175.

231 Karl Barth, Emil Brunner,
Georg Thürer, Im Namen
Gottes des Allmächtigen
1291–1941, Zürich 1941,
S. 3.

232 Schweizer Stimme, S. 201.

233 AaO., S. 203 ff.

234 AaO., S. 206.

235 AaO., S. 207.

236 AaO., S. 208.

237 AaO., S. 209.

238 AaO., S. 210.

239 AaO., S. 211 (Druckfehler berichtigt).

240 Schweizer Stimme, S. 212.

241 AaO., S. 213.

242 AaO., S. 214.

243 AaO., S. 217f.

244 AaO., S. 219.

245 AaO., S. 220.

246 AaO., S. 221.

247 AaO., S. 223.

248 AaO., S. 225f.

249 Bogen, S. 356.

250 AaO., S. 358.

251 Offene Briefe, S. 17. Vgl. oben S. 9!

252 Nachdruck in «Weltwoche» vom 24. Dezember 1997, S. 16.

253 Schweizer Stimme, S. 324.

254 Hans Martin Stückelberger, 50 Jahre Freie protestantische Vereinigung St. Gallen, 1919–1969. St. Gallen ohne Jahrgang, S. 98f.

255 Schweizer Stimme, S. 311f.

256 AaO., S. 329.

257 KD IV/2, S. 639.

258 AaO., S. 640.

259 Schweizer Stimme, S. 334.

260 AaO., S. 331.

261 Nach: Lebenslauf, S. 337.

262 Prof. Dr. Georg Thürer, Teufen, mündlich.

263 Schweizer Stimme, S. 337.

264 AaO., S. 338.

265 AaO., S. 350.

266 AaO., S. 350 f.

267 Z.B. AaO., S. 353.

268 AaO., S. 357.

269 AaO., S. 354f.

270 AaO., S. 368. Vgl. oben S. 9!

271 AaO., S. 369.

272 AaO., S. 337 f.

273 Nach: Prolingheuer, S. 209.

274 Vgl. oben S. 73!

275 Nach: Prolingheuer, S. 211. Vgl. oben S. 73!

276 Heinz Zahrnt, Die Sache mit Gott. Die protestantische Theologie im 20. Jahrhundert, München 1966, S. 225 (Hervorhebung von F. Jehle).

277 AaO., S. 225.

278 AaO., S. 30.

279 AaO., S. 24.

280 AaO., S. 233.

281 Karl Barth, Die Menschlichkeit Gottes, Zürich 1956.

282 KD IV/1, S. 203.

283 Offene Briefe 3, S. 149.

284 AaO., S. 176.

285 AaO., S. 220.

286 Götze, S. 137.

287 Schweizer Stimme, S. 59.
Vgl. oben S. 77!

288 Götze, S. 137.

289 Karl Marx, Das Kapital.
Kritik der politischen Öko-
nomie, Band 1: Der Pro-
duktionsprozess des
Kapitals, Frankfurt am
Main und Berlin 1969, S.
209.

290 Götze, S. 136.

291 Offene Briefe 3, S. 163 f.

292 AaO., S. 162.

293 AaO. S. 178 (Hervorhebung von F. Jehle).

294 AaO., S. 210.

295 AaO., S. 197.

296 Gespräche 2, S. 250.

297 AaO., S. 251.

298 Gespräche 1, S. 11.

299 AaO., S. 51.

300 Recht, S. 65.

301 AaO., S. 65 f.

302 AaO., S. 66.

303 Ungarnreise, S. 13. Vgl.
oben S. 13!

304 AaO., S. 30.

305 AaO., S. 33.

306 AaO., S. 45 (Hervorhebung von F. Jehle).

307 AaO., S. 46.

308 Sophokles, Antigone, Vers
523.

309 Vgl. oben S. 13!

310 Ungarnreise, S. 48 f.

311 AaO., S. 49.

312 Recht, S. 48 (Hervorhebungen von F. Jehle).

313 Heinz Eduard Tödt, Artikel Demokratie I, Theolo-
gische Realenzyklopädie
8. Berlin und New York
1981, S. 444.

314 Recht, S. 63.

315 AaO., S. 20.

316 AaO., S. 41 f.

317 AaO., S. 74.

318 Ungarnreise, S. 50 f.

319 AaO., S. 51.

320 Bogen, S. 516.

321 Nach: Offene Briefe 3, S.
280.

322 AaO., S. 279.

323 Vgl. oben S. 23f. und
S. 71f!

324 AaO., S. 279

325 AaO. (Hervorhebung von
F. Jehle).

326 AaO., S. 281.

327 AaO., S. 282.

328 AaO., S. 283.

329 Vgl. oben S. 77!

330 Hromádka, S. 213 ff.

331 Gespräche 1, S. 393.

332 Ungarnreise, S. 34.

333 AaO., S. 34.

334 AaO., S. 45.

335 Ich verdanke diese glück-
liche Formulierung Prof.

Dr. Dr. Roland Kley, St. Gallen.

336 Letzte Zeugnisse, S. 61–71.

337 Fragen und Antworten, S. 143.

338 Dietrich Bonhoeffer, Ethik, Zusammengestellt und hrsg. von Eberhard Bethge, München 1963, S. 128ff. – Dietrich Bonhoeffer, Widerstand und Ergebung, Neuausgabe, München 1970, S. 459 (Register!).

339 Dietrich Bonhoeffer, Widerstand und Ergebung, aaO., S. 176.

340 Vgl. oben S. 40!

341 Vgl. oben S. 43!

342 Vgl. oben S. 49!

343 Vgl. oben S. 54!

344 Vgl. oben S. 55!

345 Vgl. oben S. 56!

346 Vgl. oben S. 59!

347 Vgl. oben S. 23 und 62!

348 Gespräche 2, S. 544 f.

349 Christian Walther, Artikel Königsherrschaft Christi, Theologische Realenzyklopädie 19, Berlin und New York 1990, S. 314.

350 AaO., S. 315.

351 Schuster, S. 106.

352 Dieser Abschnitt ist eine Adaptation von: Frank Jehle, Du darfst kein riesiges Maul sein, das alles gierig in sich hineinfrisst und verschlingt. Freiburger Vorlesungen über die Wirtschaftsethik der Reformatoren Luther, Zwingli und Calvin, Basel 1996, S. 29ff.

353 Martin Honecker, Grundriss der Sozialethik. Berlin und New York 1995, S. 14.

354 WA 18, S. 310, 10 f. (Sprachlich modernisiert).

355 Die Religion in Geschichte und Gegenwart, 3. Auflage, Band 6, Tübingen 1962, Sp. 1945 ff. (Franz Lau).

356 Walther von Loewenich, Martin Luther. Der Mann und das Werk, 3. Auflage, München 1962, S. 227.

357 Martin Honecker, Grundriss der Sozialethik, Berlin und New York 1995, S. 25.

358 AaO., S. 26.

359 Gerhard Ebeling, Wort und Glaube III, Tübingen 1975, S. 575 f.

360 Vgl. oben S. 121!

361 Schuster, S. 106 (Hervorhebungen von F. Jehle).

362 Vgl. oben S. 12!

363 Vgl. oben S. 13 und S. 119!

364 Vgl. oben S. 122!

365 Vgl. oben S. 122!

366 Vgl. oben S. 15!

367 Schweizer Stimme, S. 165.

368 Recht, S. 29.

369 AaO., S. 34.

370 AaO., S. 55.

371 Vgl. oben S. 104!